「家事のしすぎ」が日本を滅ぼす

佐光紀子

光文社新書

まえがき――「なぜ、日本では家事がそんなに大事なのだろう」

「なぜ女性だけが、新卒の就活のときから結婚や育児について考えなくてはいけないの?」

これは、大学4年生のフェイスブックフレンド、ユウカちゃんのつぶやきだ。

「赤ちゃんを産むのは女性にしかできないけれど、育児も家事も男性にだってできる。なのに、男性は結婚や育児のことを、新卒の就活のときから考えないのか」

私が就活をした30年前の言葉だというならわかるけれど、これはれっきとした今現在の大学4年生のつぶやきである。いまどきの女子大生でも、就活をしながらこんなことを考えさせられているのか……と思うと、ユウカちゃんの言葉に、私は暗澹《あんたん》とした気持ちになった。

そもそも、会社が「全国に転勤があるけど、結婚したらどうしますか?」「子どもが生まれたら?」などと、個人の生活について聞くのは、「恋人はいるの?」「どこまで経験はあるの?」と面談で聞くのと同じくらい、余計なお世話に見える。どうしてそんなことを、いつまでも女子にだけ聞くのだろう。

私が大学生だったころ、アメリカ人のルームメイトが、「日本の状況は、アメリカより30年遅れているから、紀子は私の母の世代と同じような経験をしているんだと思う」と言っていたが、その後も遅れはさらに広がっていて、今は40年も50年も後ろをいっているのかしら、と思わずにはいられない、ユウカちゃんのつぶやき。

最初の子どもを妊娠したときには、私が出産後も仕事を続けようとしていると聞いた隣りの部の部長に呼び出され、「悪いことは言わない。子どものために仕事はやめて家庭に入れ」とさんざんアドバイスされた。「日本人は『家事をちゃんと回せるように女性をサポートすることは会社の責務だ』と思っているのかしら……」。プライベートなことにはまったく口をはさまないアメリカ人の上司とは真逆の日本人の部長の言葉を聞きながら、私はそんなことを考えたりもしたものだった。

あれから30年。日本の企業は、そして日本の社会は、ユウカちゃんや彼女のまわりの女子学生たちに相変わらず「家事がちゃんとできないと困るでしょ。両立は大変だよ」というサインを送り続けている。なぜ、そんなに家事は「ちゃんと」できないと、まずいのだろうか？　日本では、キャリアと天秤《てんびん》にかけなければならないほどに家事が大事なのは、なぜだろう？

キャリアウーマンの妻を持つアメリカ人の知人が、「妻は日本にいると、家事をしなくちゃというプレッシャーを感じているようだ」と言っていた。日本から出てしまえば、そんなことはない。外注も使いつつ、夫と二人三脚で家の中のことをこなして、キャリアライフを送っているが、日本にいる間は、どうもそうはいかない何かがあるようだ、と彼は言う。「日本では、女は家事をちゃんとやってはじめて一人前って思われているからですかね」と私が言うと、確かにそうかもしれないね、と笑っていた。

50を過ぎて卒業した大学院で書いた修士論文でも、「日本の女性と家事」をテーマにしたが、修論発表会で、教授のひとりから、「家事をしなければならないプレッシャーは、日本の女性がこれほど高等教育を受けながら、社会的に活躍しにくいことと関係があると思うか」と聞かれた。「どうしたもんだろうね」と続く質問に、先生たちも問題だと思っているんだなと実感する。

他国に比べ、日本に広く深く浸透しているように見える「ちゃんと家事」プレッシャー。私のまわりの身近な海外の例などとも比べつつ、なぜ、そんなにちゃんとした家事が大事なのか、いや、そんな家事、やらなくても生きていけるんじゃないか……そんなことを、本書を通して考えてみたい。

「家事のしすぎ」が日本を滅ぼす——目次

第1部　完璧家事亡国論

（1）日本の主婦は家事をしすぎ？

1　海外はもっと男がやっている

２０１６年3月の『ニューズウィーク』にこんな記事があった。

「日本は世界一『夫が家事をしない』国」。

国際社会調査プログラム（ＩＳＳＰ）の２０１２年の調査で、調査に参加した33カ国中、18歳未満の子どもがいる男性の家事・家族ケア分担率の割合で、日本が最下位をマークしたという記事だ。ちなみに、日本の分担率は18・3％、ブービーメーカーのチリに劣ること6・2％で、ダントツのビリだった。

ＯＥＣＤ（経済協力開発機構）の統計によると、男性が家事を分担する割合はＯＥＣＤ加盟国平均で31％。男女半々からはほど遠いように見えるが、これが日本になると、男性の家

	アメリカ	中国	日本	ドイツ	イギリス	OECD平均
家事時間計	309分	289分	309分	353分	360分	343分
男性担当	37%	26%	15%	36%	35%	31%

資料1　「1週間あたりの家事にかける時間と、男性の分担率」
（出典:OECD Gender data portal〔2016〕"Time use across the world"）

事分担率は世界平均の半分以下の15％にまで落ちる。日本はとにかく男が家事をしない国なのだ（**資料1**）。

国連やOECDは、各国の就労状況や賃金、家庭内でのワークシェアリングなどについて、様々な統計やレポートを出している。その中に、OECDが出している生活時間の使い方についての統計がある。有償無償の労働を、各国の男性女性がどれくらい担っているかの詳細がわかるデータだ。

ここでいう無償労働には、日常的な家庭内労働、買い物、家族の世話、家族以外の人の世話、ボランティア、旅行などの家族の活動、その他が含まれる。この中で、日本で一般的に「家事」と考えられる家事、買い物、家族の世話などについては、各国ではどのように行なわれているのかを見てみよう。

たとえば、GDPの規模で世界上位の経済大国といわれる5カ国、アメリカ、中国、日本、ドイツ、イギリスにおける家事（家事一般、買い物、家族の世話）への従事の状況は、2016年のOECDの資料によると、次の通りだ。

日本の男性の家事時間は、経済大国5カ国の中では、ダントツの最下位。OECD加盟国平均の半分にも満たない。中国、韓国などの東アジア諸国は、女性の家事負担率が高い傾向はあるが、日本は中国に10ポイント以上の差を付けられて、堂々の最下位だ。

ちなみに、男女格差が少ないといわれるスウェーデンの場合、男性の家事分担率は44%。デンマークでも43%で、男女半々とまではいかないが、かなり拮抗《きっこう》している。保守的といわれるイタリア（23%）とポルトガル（18%）をのぞけば、軒並み30%台後半の分担率である。

一方で、中国、韓国、日本といった東アジア圏は、先述の通り概して家事への参加率は低いが、中でも男性の参加率が10%台という国が4カ国あった。韓国、トルコ、インド、そして日本である。

このうち、インドは正規の加盟国ではないので、正規加盟国でいうと10%台は日本、韓国、トルコである。

家事分業のあり方を他国と比べると、この4カ国だけ、その他の国と大きく様相が異なる。同時に、この4カ国の分業パターンには非常に共通点が多い。

家事全体は日常的な家事業務、買い物、家族の世話に大別されるが、この4カ国について

	OECD平均	日本	韓国	トルコ	インド
夫婦の家事時間の合計における男性の家事時間の割合	31%	8%	9%	13%	10%
日常の家事における男性の分担率	30%	11%	13%	8%	6%
家族の世話における男性の分担率	29%	20%	17%	22%	18%
男性の有給労働の割合（1日24時間あたり）	23%	33%	29%	25%	27%

資料2　「男性の家事分担や有給労働の実態」
（出典:OECD Gender data portal〔2016〕"Time use across the world"）

は、日常的な家事そのものの分担率が非常に低いことが大きな特徴である。家事業務にかかる時間と家族の世話をする時間の割合では、日常的な家事業務の時間が長く、実際に多くの国では、男女とも、日常的な家事業務に従事している時間の割合は、家族の世話をしている時間の割合よりも高い（**資料2**）。

しかし、この4カ国の男性だけは、家族の世話をしている割合が高くなっている。日常的な家事業務に従事する時間があまりにも短いから、相対的に家族の世話をする割合が高く見える……というのが現実だろうか。

また、1日24時間（＝1440分）のうち、この4カ国の男性が日常的な家事業務に従事している時間は、日本、韓国、トルコで20分台、インドに至っては19分と、ＯＥＣＤ平均73分の３分の１にも満たない。

ちなみに、２００８年に無印良品が実施した家事時間のアンケートによると、朝食の準備と後片付けにかかる時間は合計で27分。片付けだけだと、およそ11分。夕食の片付けは21分とのこと。朝ご飯の片付けをしてゴミを出すか、夕飯の片付けをするか……といった程度の家事参加というのが、この４カ国の男性の現状だといえよう。

なぜ、こうなるか……という理由は、必ずしも４カ国同じとはいえないかもしれない。日本と韓国の場合は、ＯＥＣＤ平均23％を大きく上回る長時間の有給労働（１日24時間のうちの割合）の影響が理由とされることが多い。特に日本の場合は、労働時間が１日のうちの33％と、他国平均を10％上回る。

24時間のうち、他国の人びとに比べると2時間半以上長く働いていることになる。そりゃぁ、家事をする時間がなくても、仕方がないよね、という論理だ。

2　丁寧な暮らしはいい暮らし？――未だに続く手づくり神話

もう一つ、日本の男性の家事参加率の低さを考える上で見過ごせないのが、女性側の家事に対する意識だろう。平成25年に三菱総合研究所が実施した「少子高齢社会等調査検討事業（若者の意識調査編）」から、男女の意識の差をのぞいてみたい。

調査では、男女それぞれに「結婚相手の女性に専業主婦になってほしいか」「結婚後は専業主婦になりたいか」と問いかけている。

これに対して、男性で「そう思う」「どちらかといえばそう思う」人は19・３％と２割を切る。そして半数の50・５％は、どちらともいえないと答えている。どちらともいえない……読み替えるなら、「まぁ、どちらでもいい」「結婚相手の意志に任せる」……ということだろうか。

これに対して女性はというと、34・２％が専業主婦になりたいと答えている。一方で、どちらでもいい人は27・２％、専業主婦になりたいと思わないという人は全体の38・５％と専業主婦になりたい人を５％弱上回る（**資料３**）。

女性の場合、専業主婦願望は世帯年収と大きくリンクしている。世帯年収が４００万未満で専業主婦になりたい人はおよそ30％だが、４００万〜６００万では43・９％、６００万〜８００万では37・５％、８００万〜１０００万だと48・１％が専業主婦を志向するようになる。

ところが、これが、世帯年収１０００万を超えると、33・３％と平均を下回り、１５００

「結婚（事実婚含む）したあとは専業主婦になりたいと思いますか」

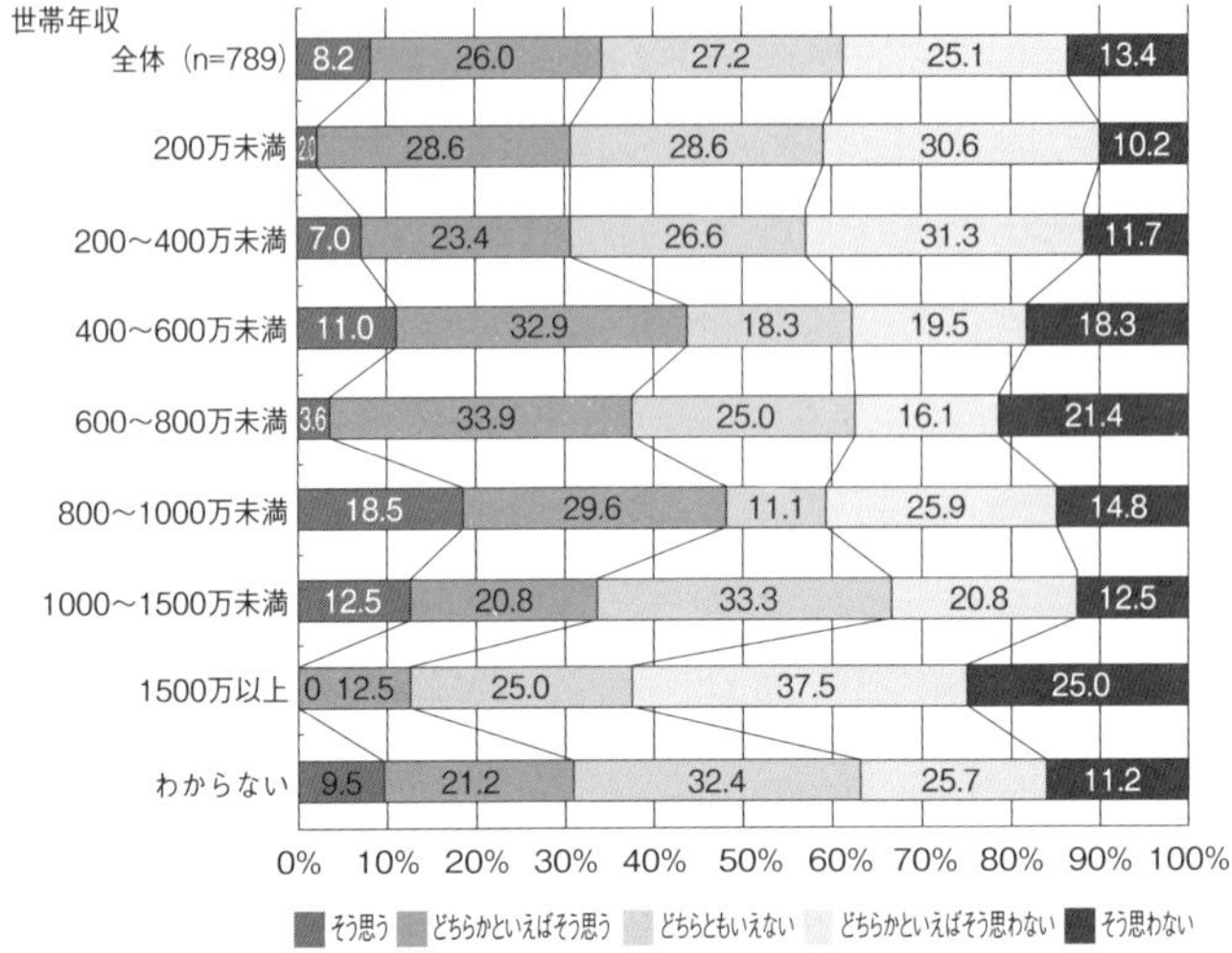

資料3　「専業主婦になりたいと思う女性の割合」（世帯収入別）
（出典:「少子高齢化社会等調査検討事業報告書〔若者の意識調査編〕」
三菱総合研究所〔平成25年3月〕）

万を超える世帯ではそう思う人はゼロ、「どちらかといえばそう思う」人は12・5%と、夫婦で稼いで豊かな生活を享受している様子が感じられる結果となる。

なぜ、専業主婦になりたいと思うか（複数回答）については（**資料4**）、41・5%の女性が「女性には家事や子育てなど、仕事をするよりもやるべきことがあると思うから」と答えている。「夫がしっかり働けるようにサポートするのが妻の役目だから」（19・8%）という人も2割ほどいる。

つまり、夫は夫で残業で忙しい。

「なぜ専業主婦になりたいと思いましたか、
当てはまるものをすべてを選択してください」

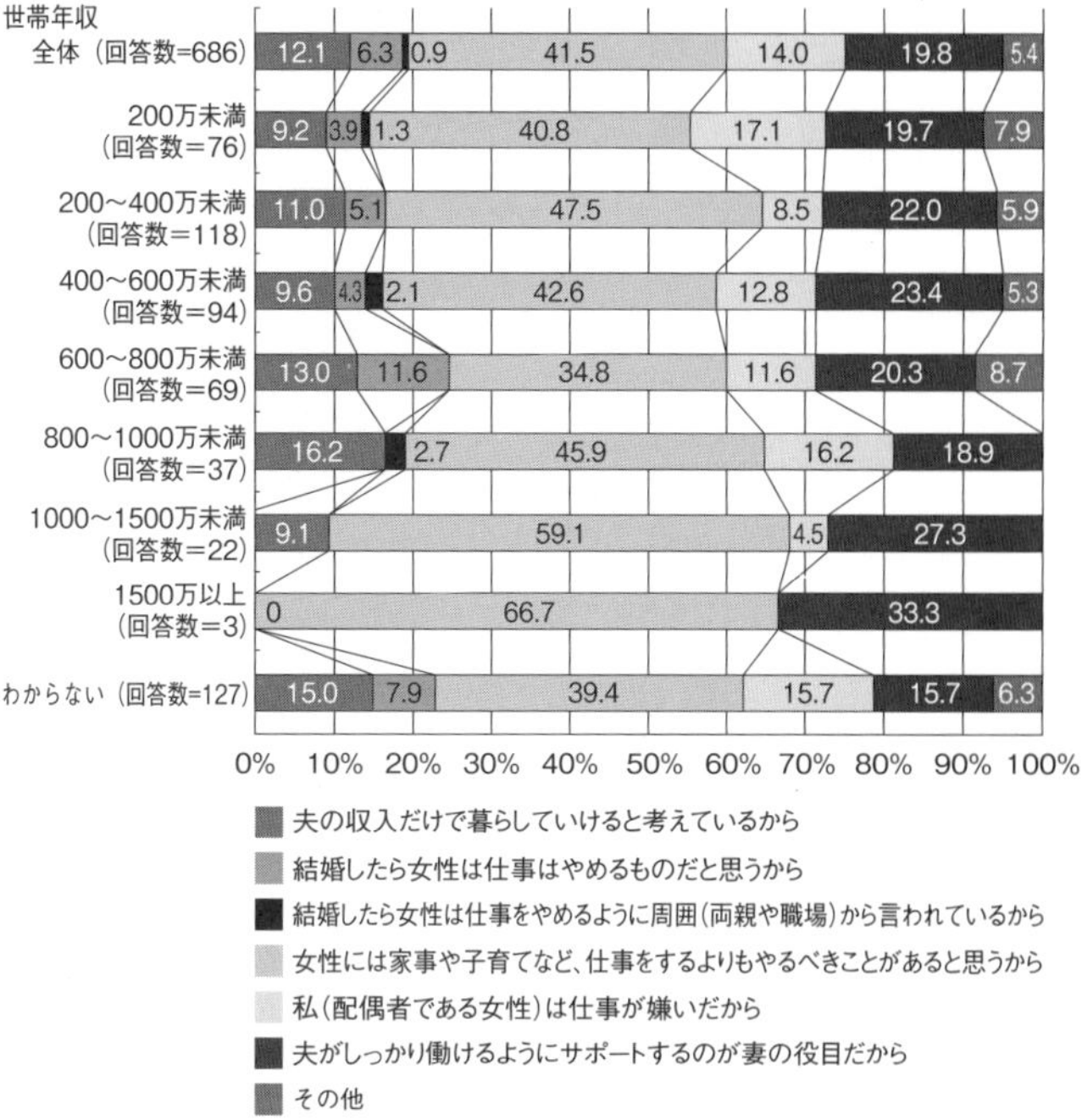

注）複数回答であったが、回答数ベースで集計を実施し、
各選択肢の割合を算出した。

資料4 「専業主婦になりたいと思う理由」（世帯収入別）
（出典:「少子高齢化社会等調査検討事業報告書〔若者の意識調査編〕」
三菱総合研究所〔平成25年3月〕）

その一方で、妻は妻で、家事をして夫の稼ぎを支えるのが自分の役割だ、と思っているという現実が、世界一家事をしない夫を作り出している社会の根底にある。

専業主婦になって「仕事よりもするべきこと」が具体的にどのようなものかという一つの理想型に「丁寧な暮らし」がある。読売新聞が運営する女性向け掲示板「発言小町」への投稿（＊1）が、女性たちのあこがれるライフスタイルの一端を表している。

専業主婦になって
丁寧な暮らしをすることに憧れています。
例えば
毎朝、雑巾で隅々まで床を拭くこと
ベランダで栽培したプチトマトを朝食のテーブルに出すこと
こだわった食材を選び、食事を作ること
靴箱の中の靴をじっくりと磨きあげること
押入れなど収納術を駆使して、部屋の中には無駄なものが無い。
子供が帰ってきたらホットケーキを焼いて一緒にティータイム。

いま思いつくままに書いてみました。
どれも憧れます。

この投稿に対して、実に208件の書き込みがあった。実際に「丁寧な暮らし」をしている人の声もあれば、そんなものはすぐに飽きるから忘れなさいというアドバイス、私も丁寧な暮らしがしたいという共感の声。寄せられた意見は様々だが、関心の高さをうかがわせる。

こうした「丁寧な暮らし」のアイコンの一人が、NHKのEテレで人気のベニシアさんだろう。京都大原に住むイギリス人ハーブ研究家のベニシア・スタンリー・スミスさん。ハーブが専門なので、「四季折々にハーブを育て、衣食住のあらゆるシーンに活用。料理やお茶などの食用はもちろん、シャンプーや化粧品、ワックス、洗剤、防虫剤など、ハーブを活用する」（＊2）生活が紹介され、多くの女性のあこがれの的となった。

彼女を代表とする「丁寧な暮らし」のリーダーたちのキーワードは、季節感、そして手づくり。夏にはお手製のレモンバーム入り梅酒を楽しみ、クリスマスには定番のジンジャーブレッドを焼き、お手製のオーナメントを飾り……という暮らし。

一方、「丁寧な暮らし」を前面に出したウェブショップ、キナリノ（＊3）でも、「めぐる四季を感じながら焼く、日常により添うお菓子」「今日の元気とキレイは自分で選ぶ！ 素材を感じる、野菜&フルーツのレシピ集」といった特集が、美しい写真とともに並ぶ。ヘルシーで美しい生活は、生産者が丹誠《たんせい》込めて作った四季折々の食材を丁寧に調理することから……というライフスタイル提案だ。

こうした、季節感のある、厳選された素材を使って自ら作った食べ物、たとえば味噌や梅干し、パンといったものを、ゆったり味わい楽しむ生活は、ここまで述べてきたように、テレビや雑誌で「丁寧な暮らし」として取り上げられる。取り上げるというよりは、礼賛《らいさん》されているに近い。

とはいえ、こうした手づくり中心の生活は、やはり時間的な余裕を必要とする。朝晩それぞれ1時間を通勤に費やし、8時間労働をしていては、とてもそんなことをする余裕はない。専業主婦というステータスを得て初めて実現できるライフスタイルであることは、明々白々だ。

労働政策研究・研修機構による「第4回（2016）子育て世帯全国調査」に、「この1年を振り返って、あなたは幸せでしたか」という質問に対して、「とても幸せ」を10点、「とても不幸」を0点として、母親にその評価点を尋ねるという項目がある。同研究所では、8

	第3回(2014)					第4回(2016)				
	N	低	中	高	合計	N	低	中	高	合計
世帯類型別										
ふたり親	1292	2.7	43.2	54.2	100.0	1320	3.3	39.7	57.1	100.0
ひとり親	660	10.2	58.1	31.7	100.0	661	12.5	52.0	35.5	100.0
合計	1,952	3.6	44.9	51.5	100.0	1,981	4.4	41.1	54.6	100.0
世帯の収入階級別										
貧困層	258	8.1	67.6	24.3	100.0	186	13.3	51.7	35.0	100.0
中低収入層	407	4.9	54.5	40.6	100.0	446	5.7	41.9	52.5	100.0
中高収入層以上	753	1.9	37.2	60.9	100.0	802	2.8	38.1	59.2	100.0
合計	1,418	3.3	44.5	52.2	100.0	1,434	4.1	39.8	56.0	100.0
妻の就業有無別										
妻無業	455	2.9	35.9	61.2	100.0	474	4.0	34.3	61.7	100.0
妻有業	1432	3.9	49.3	46.9	100.0	1,505	4.5	43.8	51.7	100.0
合計	1,887	3.6	45.5	51.0	100.0	1,979	4.4	41.1	54.5	100.0

注:（1）母親による回答結果である。ここでは、幸福度が「低（0-2点）」、「中（3-7点）」、「高（8-10点）」の3段階に区分されている。

（2）ここでの収入は、調査前年の税込収入を世帯人数の平方根で割った等価収入（E）のことである。
「貧困層」:Eが貧困線（中位値の50%相当）未満、
「中低収入層」:Eが貧困線以上中位値（貧困線の200%相当）未満、
「中高収入層以上」:Eが中位値（貧困線の200%相当）以上

資料5　「属性別にみた母親の幸福度の分布」(%)

（出典:労働政策研究・研修機構「第3回（2014）、第4回（2016）子育て世帯全国調査」）

点以上を「高幸福度」層として、その分布を見ている（**資料5**）。

ふたり親世帯に限っていえば、「高幸福度」層は、2014年の第3回に続き専業主婦で高い。2014年のデータでは世帯年収650万円以上の所得者層では、専業主婦の75・7％が「高幸福度」層だ。平均してみると、専業主婦では「高幸福度」層が63・0％、有職主婦の場合は49・4％と大きな差がある。

この傾向は、前出の「少子高齢社会等調査検討事業（若者の意識調査編）」のものとも連動している。先にも見たが、世帯年収が400万未満で専業主婦になりたい人はおよそ30％だが、400万～600万で

43・9%、600万~800万では37・5%、800万~1000万だと48・1%が専業主婦を志向するのだから。

専業主婦になって幸せと感じる年収のボーダーにある400万~600万円というのは、どんな金額なのだろう。「平成28年　国民生活基礎調査」の概況の「各種世帯の所得等の状況」によると、日本人の平均所得金額は545万8000円と、600万には及ばない。世帯年収が600万を超える世帯は全体の3分の1、34・3%にとどまる。世帯年収は家族の収入の合算だから、夫が単身で稼ぐ専業主婦世帯の割合はさらに低いことになる。専業主婦は勝ち組だといわれるゆえんだろう。

一方で、世帯年収が「200万~300万円未満」は13・7%、「100万~200万円未満」が13・7%、「300万~400万円未満」が13・2%。世帯収入が100万以上400万未満の家庭が4割を超えるのが実際のところだ。

こうしてみると、専業主婦はごく少数しかいない。そんな人たちの生活を前提とした「手づくり礼賛」とそれにまつわる「丁寧な暮らし」は、多くの生活者には縁遠いのが現実だ。そんな暮らしをメディアがあおることで、それが実現できない自分の現状へのフラストレーションが高まるとはいえないか。

専業主婦と有職主婦で幸福感に差が出るのは、こうした「主婦のあるべき姿」像と自分との乖離《かいり》や、本来あるべき主婦業をまっとうしていないという周囲からの批判といったことも遠因ではなかろうか。

３　海外における専業主婦の例

海外でも専業主婦はあこがれのステータスなのだろうか。

少し古い記事だが、２０１０年の『ニューヨークタイムス』（＊４）に「専業主婦という汚名」という記名記事が載った。その書き出しは、スウェーデンのジャーナリスト、ピーター・レットマークが21世紀における専業主婦像を取材しようとしたエピソードから始まる。

「専業主婦というのは、スウェーデンではすでに絶滅危惧種です。少数存在する専業主婦の人たちも表に出ようとはしません」。専業主婦はむしろ恥、といった論調だ。

スウェーデンのお隣りノルウェーでは、「主婦連合」が「女性と家族連合」に変更されたという。「専業主婦という言い方はあまりにも恥ずかしい」とその理由を説明するのは、ノルウェー社会調査研究所のフェミニズムエコノミスト、シャルロッテ・コレンだ。

そこまでくると、専業主婦という選択肢はその存在自体を否定され、3人、4人と子どもが生まれてしばらく家で子育てをしようという選択肢もなくなる、と『ニューヨークタイムス』は続けている。スウェーデンでさえ、子育てを中心とする無償労働は女性の肩にかかることが多いのだから、「今こそ家事労働や家族の世話をGDPに参入すべきだ」という提案でその記事は終わっているのだが、そこで語られている北欧の主婦像は、日本の現状とはかけ離れている。

2013年9月に厚生労働省が発表した調査結果で「未婚女性で結婚後働きたくない人が3分の1だった」という記事（＊5）が、「Japan Today」という英語の日本情報ウェブサイトに掲載された。これには200件近い反応が寄せられた。内容は、「3分の2が働きたいと思っているのであればそちらに注目するべきだろう。なぜ少数派を取り上げるのか」といった調査のあり方や分析に対するものも多かったが、「こういう女性が主流では、日本の将来は明るくないな」、さらには「女子よ大志を抱け」といった激励まで、「3分の1が専業主婦願望」という現状に疑問を呈するものが多くを占めた。中には「確かに子育て期間中はどちらかが家にいる方がいいかもしれない。でも、じゃぁ、自分が専業主婦で、友人とランチに行って、バレエのレッスンを受けて、うわさ話に興じる人と結婚したいかといわれたら、ごめんだ」という意見もあった。

「本当に未だに専業主婦願望がそんなに強いのか?」という、記事を読んだ人の驚きが伝わってくるコメントが中心だったといえるだろう。「日本の常識は世界の非常識」とでもいえばいいだろうか。日本のように専業主婦のステータスが高いところは、先進国では決して多くないことを感じさせる書き込みの数々だった。

現実のアメリカでは、長らく漸減傾向だった専業主婦の数が、ここ10年ほどで増加に転じたという統計がある。２０１４年のピュー・リサーチ・センター（Pew Research Center）の分析（＊６）によると、アメリカの働く母の71％は家の外で仕事をしている。１９６０年代からワーキングマザーが増え続け、育児に専念する専業主婦はじりじりとその数を減らしてきたが、１９９９年を境に増加に転じた。

専業主婦の属性を見ると、ヒスパニックでは73％と、黒人・白人（ともに57％）に比べてはるかに多い。また、教育レベルでは、専業主婦の66％が高校卒業あるいはそれ未満の教育を受けており、大卒以上の人は51％にとどまっている。

同センターでは、専業主婦の85％は就労中の配偶者がいるものの、働く母に比べると貧困率が高く、教育レベルが低い。また、移民が全体の３割を占め、ほぼ半数が白人以外の人種だという。このデータを見ている限り、日本のような「専業主婦は勝ち組」といった社会構造にはまったくなっていないことがわかる。

こうした状況の中で異彩を放つ日本の専業主婦志向。その底流には、家事に手間ひまをかけ、丁寧に作業をすることを是とする文化があることは見落とせない。

先進国ばかりでは足りないので、日本と同じように女性の家事時間が長く、専業主婦も多いとされるトルコ出身の大学院生メリチ・トプチェさんに、トルコの様子をうかがった。

メリチさんによれば、国際的な統計に出てくるトルコの数値は、トルコ人社会と、東部に多いクルド人社会などの現状をまとめた数字になるため、トルコ人のメリチさんの実感は、国際的な統計の数値と必ずしもそぐわないという。特に、クルド人には「女性に教育は不要」という考えが根強く、国としては高校までは義務教育としているが、東部では高校まで行けないケースも多いという。そうしたところでは、女性は家事労働力として認識され、早くに結婚し、家庭に入るケースが多いという。

一方、トルコでは教育熱は高く、「自分の子どもにはいい大学に行かせていい仕事をさせたい」という親は増えているが、女の子の場合には、やる気がないなら早く結婚した方がいいと考えるのが一般的だという。

また、イスラム教では「お金は男の責任」であることは揺るぎがない。稼げない男は社会的立場上問題になる。「男の責任を果たしていない」と見なされるからだ。近年はトルコでも、若い世代で共働き世代が増えてきているが、女性が稼いだお金は、基本的には女性が使えるという。サウジアラビアの学生からも似たような話を聞いたことがある。「妻のニーズを満たすだけのお金を稼ぐのが夫の義務」なのだ。「もちろん、実際には妻も稼いだお金の一部を出したりしていると思うけど、それはしなくちゃいけないことではない」と言う。

妻を幸せにできるだけの稼ぎを求められるトルコ人男性。それに対して女性の側が夫に提供するのは、日本同様、家事という無償労働なのだろうか。

「確かに、家事は女性の責任だと考えられているけれど、家事は最低限やればいいことであって、質を求めるものではない」とトプチェさんは言う。では、夫の稼ぎに対する妻からの対価は何かと問うと、「夫にとって魅力のある妻であり続けることでしょ」という答えが返ってきた。また、むしろ、トルコで女性の責任として強く認識されているのは、子どもたちのあり方だという。「子どもの身なりが悪いとか、お腹《なか》をすかせているといった事態になると、母親は何をやっているんだと責任を問われます。でも、家事への社会的関心は低いですよ。ちゃんとできなくても、最低限やってあればそれでいいものですからね」

こちらの専業主婦も、勝ち組とは似て非なるものである。

4　食は「手づくり神話」の宝庫

お母さんの手づくりの洋服が、「お母さんが作った」というだけの理由でGU《ジーユー》の洋服よりよいという人は、そう多くはないだろう。デザインの好みや着心地、値段その他を考えると、GUで買った方がいいのでは、と考える人も少なからずいるに違いない。

ところが、「コンビニ弁当」と「お母さんの手づくりの弁当」と言われたら、お母さんの手づくりの方がいい……と考える人は意外に多い。修士論文を書くにあたり、何組かの夫婦にインタビューしたが、外食と家で作る食事となら、家で作る食事の方が安全だし、安上がりだし、栄養のバランスがよいという意見は、男性からも女性からも出された。日本の日常生活全体に広く浸透している手づくり神話だが、その宝庫はまちがいなく食の分野なのである。

平成17年に制定された食育基本法にはこうある。「父母その他の保護者にあっては、家庭が食育において重要な役割を有していることを認識」しなければならず、「我が国の伝統のある優れた食文化、地域の特性を生かした食生活、環境と調和のとれた食料の生産とその消費等に配意」して食育を推進しなければならない。

この食育の推進で大々的に始められたのが、朝ご飯キャンペーンだ。農林水産省では「家庭における食育の推進」の一環として、文部科学省と手を携えて朝ご飯の重要性を訴え、国をあげての朝ご飯キャンペーンが始まった。

「平成18（２００６）年４月に、『早寝早起き朝ごはん』全国協議会が発足し、幅広い関係団体や企業等の参加を得て、『早寝早起き朝ごはん』国民運動を文部科学省と連携して推進しています」（＊７）という。国民の健康維持に関わる厚生労働省が音頭をとるならまだわかるが、なぜか、農林水産省と文部科学省が主体だ。健康というよりは、国産食材の見直し普及と、国民の生活管理、生活改善が目的というところだろうか。

「早寝早起き朝ごはん」全国協議会のウェブサイトには、当然のことながら、コーンフレークに牛乳をかけたり、トースト１枚にコーヒーといった写真は１枚も登場しない。「骨太納豆和《あ》え」「アスパラガスのみそ汁」（もちろん煮干しで出汁《だし》をとる）といったレシピが提案されている。「麺つゆ親子丼」に「ビビンバ」といった、ある程度の調理時間をとって作ることが求められる食品を朝から作って食べることが、健康によく、子どもの健全な発育に重要だといった論旨なのだ。文部科学省に至っては、朝ご飯を食べている子どもは成績がよいといったデータまで提示している。

朝ご飯を食べることを働きかけるのが問題なのではない。「手づくりのちゃんとした朝ご飯」こそが朝ご飯、それが正しい……という価値観がどうなのだろう、と思うのだ。

実際、この国民運動が始まってから、各都道府県や区市町村でも独自にウェブサイトなどを立ち上げ、朝ご飯運動を展開する動きが広がっている。そういう中にいると、凝《こ》った手づくりの朝ご飯を作ることのできる家庭はいいけれど、作れない家庭はダメ家庭といった烙印《らくいん》を押されかねない。正しい家庭、ダメな家庭、いい母、ダメ母といったレッテル貼りは、こうしたところから深く静かに進行していくのだ。

一日の活力源としての朝食が大事なら、そこを強調すればよい。何も、こんな朝ご飯が理想的だと手の凝った具体例を見せてハードルをあげなくても、用は足りるはずだ。

5　家事は家族で――外注は悪？

修士論文で、「なぜ女性が家事を担うのか」を、何組かのご夫婦に別々に話を聞きながら探ろうとして、最初に行き当たったのは、誰もが「ちゃんと」した食事を「家で」作ることや、自分たちで家事を「きちんと」することは大事だという価値観を共有しているということだった。裏を返すと、「家事なんて適当にやればいいし、誰かがやってくれるならぜひお願いしたい」などという答えに出あうことは、ついぞなかった。

家事分担についてのアメリカの論文でよくお目にかかるのが「バーゲニング理論」（＊８）だ。家事分担について調べたいと言うと、教授にまずはこれを読めと言われる。

バーゲニング理論は、「家事はできればやりたくないものだが、家庭生活を維持するためにある程度はやらざるを得ない。その配分は、家庭に提供する資源の割合に準じることが多い」というのが基本的な考え方だ。「自分がやりたくなければ、持てる資源を活用して外注化を図る。洗濯がいやならクリーニング屋さんに持ち込み、洗ってたたむところまでやってもらう。お金がなければ、外注はできない。手持ちの資金をベースにすることで、家庭内で担当する家事の量が決まっていく」という理論だ。

しかし、日本人にインタビューをしてみると、誰も家事を外注したいとは言わない。それどころか、「多分そこまではしない」（40代男性）と、家事の外注化はかなり特別なことだという答えさえ返ってくる。アメリカでの前提となる「家事はなるべくやりたくないもので、できれば外注してしまいたいもの」という前提そのものが欠落している。

この、「ちゃんと」「きちんと」「自分で」家事をすることへの評価は意外に高く、「家事ができないというのは、生きていく上で致命的な欠陥なわけですよ」（50代男性）、「家事をすべて済ませて家をぴしっときれいにできている状態、家を守る状態（が心地よい）」（30代女性）という言葉に代表されるように、「家事は基本」（40代女性）的なもので、きちんとやるべきものだという認識が感じられる。

じつは、これは女性誌のライターさんたちにも感じられることで、「手抜き家事」の企画で掃除の方法のレシピを考えるときでも、「汚れを拭《ふ》き取ります」と私が言うと、「汚れをきちんと拭き取る」という作業手順に翻訳されて記事ができあがってくることは多い。「手抜き家事なんだから、この『きちんと』っていう言葉は取りませんか？　とりあえず拭いてあればいいんじゃないかしら？」と声をあげても、採用されないこともある。「それだと、きれいにならないかもしれませんよね？」というわけだ。あくまでも、掃除はきちんとやることが、「手抜き企画」においてさえも優先されてしまうのが日本の家事なのだ。

それが誰かはさておき、家事は家の者が「きちんと」やることが、デファクトなのだ。手抜きというのは、あくまでもデファクトをクリアした上で与えられるご褒美《ほうび》的なものであって、手を抜いたり外注化することが常態となるのは認められないという雰囲気は、共働き世帯数が片働き世帯数を抜いて久しい今も、相変わらず根強い。

この、「家事はきちんとしなければならない」という刷り込みはどこからきたのだろう?

一つ考えられるのは、政府の情報発信だ。先にも述べた「朝ごはん運動」を例に考えると、文部科学省と農林水産省が「朝ご飯が大事、大事」と連呼する。これに連動して、地方自治体が様々なキャンペーンを行なう。それに合わせて、主婦雑誌は朝ご飯特集を組むし、食品メーカーもここぞとばかり、朝ご飯向きの商品を売り出す……といった具合で、政府の方針と価値観は、様々な形で人々の日常生活に入り込む。

と同時に、なんとなく、「朝ご飯は食べた方がよい」→「家族で和食の朝ご飯がよい」→「和食の朝ご飯を食べている家庭が『きちんとした』家」という価値観が徐々に形成されていく。

そういう意味で最たるものは、「核家族と家事の外部化が子どもをダメにする」という刷り込みではないだろうか。平成5年の国民生活白書には、「従来家族が果たしていたさまざまな機能のうち、家事、育児等の機能の一部が家庭外で処理されるようになり、家族の機能は縮小していった」と明記されている。家事労働が家庭外で処理されることで、生活時間にゆとりが生まれ、家族が一緒に過ごす時間が増えるとすれば、むしろ歓迎すべきことではないかと思うが、家事や食の家庭外処理を、政府は昭和30年代から「家庭機能の低下の要因」として槍玉《やりだま》にあげ続けている。

昭和32年の国民生活白書には、「加工食品に対する需要はとくに都会の若い世代の人たちに強く、この人たちにとっては味噌汁や手づくりの料理などにはあまり未練もなく、ある程度うまくて、簡単で栄養があればそれでいいのである」と、批判がましい。

続く昭和34年の厚生白書には「かつては休む暇もないほど働き続けることをもって美徳と考えた我が国の主婦も、最近ではその無益なことを認識し始めるとともに、合理化へと大きな目を広げるに至っている」とある。

核家族になると、家事の手抜きを指摘し文句を言ううるさいおじいちゃんやおばあちゃんがいなくなり、「ちゃんとした家事」は簡単な方へ流れていく。それはよろしくないのだというお上《かみ》のご意向は「きれいな服装をし、便利な家具品をそろえ、レクリエーションを楽しむこともわれわれの生活の一部として結構なことではあるが、しかし肝心の栄養の問題をおろそかにしたならば、その生活は決して健全な姿とはいえないであろう」という昭和32年の国民生活白書の手厳しいお言葉からも十分に伝わってくる。

ちなみに、核家族による家庭機能の低下の一端として、平成5年の国民生活白書が取り上げているのが、「核家族化と長時間労働によって相対的に低下した『かつては家族の中心であった父親の地位』」である。高度経済成長期のモーレツ社員たちは、父としての地位がそんなに低かったのだろうか？　父親の地位が低下した核家族はダメだという言葉の裏に、戦前の家父長制を一つの理想形としている旧態依然とした日本的家族観を感じてしまうのは、私だけだろうか。

そもそも、家父長制の下ですべてを手づくりして、家事がこなせていたのは、嫁が奴隷のように働かされていたからだろう。核家族化が進行し、舅姑《きゅうこ》にヤイヤイ言われずに、食や家事を簡便化し、その分家族と過ごせれば、家庭機能は低下なんかしないだろう。

ところが、戦後の家父長制崩壊にあらがうように、政府は戦前の「伝統的な家事」のあり方を核家族に求めた。家事は「きちんと」ちゃんとやらないと、家庭機能が低下する、子どもがちゃんと育たない。そのメッセージの裏に「女性の家庭内の無償労働をいくらでも使える資源と位置付けてきた戦前の経済体制を維持」（＊9）しながら、武力ではなく経済で世界にのし上がろうという政府の意図があったのだろう。

そう考えると、昭和30年代から繰り返し発信される「家事はきちんと」なんていうものは、無視してしまってよいのだ、と思えてくる。そんなことは、個々の家庭で、こなしていける範囲で、核家族内で分業すればよいだけのことなのだから。

6　分業を阻む「きちんと」

お宅で、掃除をするのは誰ですか？

日本でそう聞かれたら、多くの女性が「私」と答えるだろう。掃除機のある場所さえ知らないであろう実父のいる家庭で育った私は、結婚当初、掃除機をかける義父を見たとき、「そんなことをさせていいのか？」と仰天した。

だから、アメリカ人の友人のアンジェラから「アメリカでは掃除は夫がするところが多いわよ」と聞いたときには、本当に驚いた。しかも、彼女のいう掃除には、屋内の清掃だけでなく、庭の芝刈りやガレージのメンテナンスも含まれている。我が家に遊びに来るアメリカ人たちは、軒並み、小さな我が家に驚きを隠さない。逆にいうと、日本に比べると、アメリカの家は大きい。しかも、土足で出入りするのだから、掃除は大仕事だ。それを夫に丸投げしている彼女は「その代わり、食事や洗濯は私がやってるわ」と言う。

２０１４年のイギリスの新聞『デイリーメール』紙（＊10）によると、イギリスでは働く女性の増加とともに、洗濯やアイロンを担当する夫が増えているという。昔は「男は自分の汚れ物さえ拾わない」といわれたが、今では、妻や子どもの汚れ物まで拾う（洗う）夫が増えている。アメリカでは、夫が家事を担うことで、女性の公平感が増し、結婚への満足度も上がるという研究結果が出ていると、記事の中で紹介されていた。

２０１５年のアメリカの男女別家事労働時間の統計（＊11）を見てみると、男性の家事時間は、女性の１３５分に対して１日85分。その差は50分。女性が従事する家事で一番長いのは食事の準備で、37分。これに屋内清掃が続く。男性で長いのは、食事の準備と外回りの掃除で、ともに17分。家のメンテナンス・修繕の11分がこれに続く。どこの家庭もアンジェラの家庭のように夫が掃除をすべて担当しているわけではなさそうだが、掃除や洗濯は、男性がシェアしやすい家事なのかもしれない。

日本では、ダスキンが２０１２年に「主婦のお掃除実態調査（＊12）」、２０１３年に「夫のお掃除実態調査（＊13）」を行なっている。「夫のお掃除実態調査」によると、妻より自分の方が掃除がうまいと自負する夫が31％もいる。それなのに、実際には妻の8割が、掃除は自分一人でやっていると答え、また、毎日あるいは週5日以上掃除をする妻が全体の半数を超える。掃除に対する自己採点を見ると、夫も妻も、「自分の掃除の自己採点」は約60点。しかし、「夫から見た妻の採点」は約75点と、夫の妻への評価は高い。

その一方で、「毎日しなければ」という主婦がほぼ半数（48・4％）いるトイレの掃除を毎日しなければならないと考えている夫は2割を切っていたり、主婦の46％がやはり「毎日しなければ」と考えているキッチンの掃除が、男性では21・3％だったりと、妻がやりすぎているのではないかと思える数字が並ぶ。

夫も、そしておそらく子どもたちも、「毎日やらなくてもいいんじゃないか、もう少し手を抜いてもいいんじゃないか」と思っているのに、8割の妻が「誰かに手伝ってほしい」と思いながらも、孤独に頑張り続けている、やりすぎ家事の典型が掃除なのかもしれない。

なぜ、そんなことになってしまうかというと、やはり掃除は「きちんと」しなければならないと彼女たちが思っているからだろう。もう少しいえば、その「きちんと」の基準がクリアされないと、「掃除をした」ことにはならないと彼女たちが感じているからだ。

日本でも、アンジェラの言うように「夫に掃除をしてもらおう、夫に掃除を教えよう」という動きがないわけではない。10年ほど前に『男の掃除』（日経ＢＰ社）という本を書いたのは、定年後に家にいる時間の増えた夫たちから勧められたのがきっかけだった。妻が出かけている間、家にいると、帰宅した妻から「一日家にブラブラしているんだったら、掃除くらいしたらどうなのか」と怒られる。かといって、適当な掃除では、「ちゃんとしていない」とどの道不平を言われる。だから、言い訳に使える本がほしいという話がきっかけだった。

その後、男女共同参画センターの主催で何度か開いた「男の掃除講座」でも、「妻のやり方に合わなくて非難される。こちらのやり方の正当性を主張するにはどうしたらいいか」といった質問は、20代男性からも30代男性からも何度も出てきた。

「家事シェア」を提案するＮＰＯ法人「tadaima!」の代表三木智有さんも、「ゆだねたところは完全にゆだねるべきです。ゆだねるということは、ただやってもらうだけではなく、夫のやり方に文句を言わないということです」と主張する（＊14）。

ところが、長年「きちんとした家事をするのが女だ」という呪縛《じゅばく》にとらわれてきた妻にとって、「きちんと」しない状態の家事を受け入れて完全にゆだねることは、決して簡単なことではない。妻たちが「きちんとしなければ掃除とは呼べない」と思っている限り、「妻はよく頑張っているけれどやりすぎだ」と思っている夫が、自分なりに納得のいく掃除をしても、それが妻の求める水準をクリアして「あら！　ありがとう！」と言ってもらえる可能性は限りなくゼロに近いのではなかろうか。

家事のやり方について、「きちんと」しているのはどんな家事かと尋ねると、お母さんのやり方を基準にあげる人は多い。修論の調査でも、「母が育ててくれたように子どもを育てたい」「働いているせいで、専業主婦の母がしてくれたのと同じことを家族にしてあげられないのは申し訳ない」という発言は、30代からも繰り返し出てきた。

これに対して、「日本では、母の家事スキルは、科学的な部分もあるが、感情的に合理化されている」と指摘するのはメリー・アイザック・ホワイト（＊15）だ。スーザン・H・ヴォーゲルが50年近く前に指摘したように、「主婦としての役割」が賛美され正当化されることが、女性たちを家に押しとどめたことへの対価（＊16）だったとすれば、その感傷的なママ基準の「きちんと」から、家族共通の家事基準へと移行すべき時期にきているのではなかろうか。

7　家事は誰がやっていたか――「女中のいる家」の基準が核家族へ

「献立は常に変化あるをよしとす。同じ食品を連用するは食欲を喚起する所以《ゆえん》にあらず。故に日々の食事は成るべく其の献立を異にすべし。而《しこう》して一日中に於《おい》ては其の中の一度の献立を以《もっ》て主饌《しゅせん》とし其の時は必ず家族皆集まりて愉快に飲食談話するをよしとす」

飽きると食欲が落ちるから、同じ食品を続けて使わず、なるべく献立を変えなさい……今と変わらないこの教えは、明治41年に文部省検定を受けた『修訂三版家事教科書』に出てくる献立についての考え方だ。まえがきには、高等女学校の教科書として書かれたとある。

上下２巻に分かれたこの本は、衣食住に始まり、育児、養老、看病、一家の管理、家計の管理など、家事全般についての情報が詰まっている。高等女学校で、これから主婦になる女学生たちに、家事全般を教え、主婦の心得を教えるのが、家事教科書の目的だったのだろう。献立の例一つとってもそうだが、当時の家事のやり方や考え方は、今とそれほど大きく変わらなかったのだな、と思わせられる内容が目立つ。

それどころか、衣服はたたむときに「汚点を見出したるときは直ちに其の原因を考え之《これ》に応じたる汚点抜き法を施《ほどこ》すべし。又総《す》べて塵埃《じんあい》を蒙《こうむ》りたる衣服は其のまま藏《きす》むべからず。絹布《けんぷ》、麻布等ならば羅紗《らしゃ》、フランネル等の布片《ふへん》にて之を掃《はら》い綿布、毛布等はブラッシュを用いて之を除くべし」と、今よりよほど細かくきちんとした指示が出ている。

……と書くと、昔の主婦はいかにきちんとした家事をしていたか。電化もされていなかったのだから、家事は本当に大変だったのに、それでも彼女たちはこんなにきっちりと家事をやっていたではないか……という話になりそうだが、実態はちょっと違っている。

それを如実に語っているのが、総論ともいえる「一家の管理」だ。主婦の心得について出てくるのは婢僕《ひぼく》（下女・下男、召使い）の監督なのである。使用人を使用する目的から始まって、選び方、取り扱い方、給与など、6ページを割《さ》いて監督者の心得が書かれている。ちなみに、献立には5ページがあてられているので、「一家の管理」には献立よりも多くのページが割かれていることになる。これはどういうことかというと、ここに書かれているような家事や、毎日献立が変わる食事のありようは、女中さんを置くような家庭向けの家事だったということだ。

参考までに書くと、この教科書が例としてあげている家の間取りには、玄関、応接の間、座敷、二の間、小座敷、茶室、書斎部屋、寝室、茶の間、台所、化粧部屋、納戸、土蔵、物置、湯殿、厠《かわや》がある。おそらくはこの他に子ども部屋や女中部屋があるのだろう。女中を使って家事を進めるにあたって、正しいやり方を知らなければ指示が出せない。そのために身につけておくべき正しい家事の内容が書かれているのが本書なのである。

文部科学省の「日本の成長と教育」によると、明治28年の統計ではあるが、当時小学校を卒業した子どもは全国で37万（この数も少ないと文部科学省は明記している）だが、そこから高等女学校へあがった女子は全国で８００人しかいない（＊17）。となると、高等女学校の教科書は、広い家と土地を抱え、使用人を使って暮らす、とても特殊な家庭の子女のための教科書だったといえる。見方を変えれば、使用人がいなければ、そんな家事は成立しない。

戦後、使用人を抱えるような家庭は減り、核家族の進行と団地の普及で、人々の暮らしは大きく変わった。流通システムと冷蔵庫に支えられて、食生活は豊かになり、それまで特殊な人たちの特権だった「毎日違う献立」が庶民の台所に入ってきた。掃除機と洗濯機に支えられて、お手伝いさんなしでも家事が進められるようになった。とはいえ、女中なしの家事が成り立ったのはなぜかといえば、女中の役割を専業主婦が引き受けたからだろう。

新憲法のもと、夫と平等になったはずの妻に、戦前の女中の役割を引き受けさせるためには、スーザン・Ｈ・ヴォーゲルが指摘するところの「主婦の役割の賛美と正当化」が不可欠だったに違いない。そして、美化と正当化に必要な「ダメ主婦」と「主婦の鑑《かがみ》」のラインが、外注などに頼らず「きちんと」家庭内で家事をこなす主婦の能力だった。

だからこそ、誰を呼ぶわけでもないのに「きちんと」片付いた家を維持し、毎食違う献立を用意する主婦は、主婦の鑑とされたわけだが、既婚女性の半数以上が働く現代、こんな線引きにどれほどの意味があり、主婦の鑑像に振り回される価値がどれくらいあるのだろう。

（2）日本の家事の「当たり前」は、世界の非常識

1　朝ご飯は温かいもの？

ひと昔前、朝ご飯の定番といったら、お茶漬けではなかっただろうか。あるいは、生卵に醤油をかけた卵かけご飯か。どちらも冷めたご飯がおいしくいただけるグッドアイデアだが、これが朝ご飯の定番だったのは、朝ご飯に食べるのは前の晩に炊いた冷やご飯だったからだ。食文化研究家の森枝卓士《たかし》さんは、「朝ご飯が温かいというのはごく最近の日本で起きたことだ」と言う。

静岡のお茶屋さん市川園が運営する「お茶ミュージアム」（＊18）によると、「かつて京都ではお昼にご飯を炊く習慣があり、朝食と夕食にお茶漬けがよく登場し」たとのこと。冷めたご飯をおいしく食べる工夫からうまれたのがお茶漬け、それに漬け物をそえたのが「ぶぶ

漬け」というわけだ。

朝食は温かいご飯に味噌汁、主菜に漬け物に……というのは、旅館など特殊なところならいざ知らず、庶民の食卓事情としては、あったとしてもかなり最近の傾向だ。忙しい朝、なにも温かいご飯を用意する必要もなさそうだが、「早寝早起き朝ごはん」を提唱する国民運動のウェブサイトでは、ハードルの高い「主菜、副菜を取り入れたバランスのとれた食事」（＊19）を推奨している。なぜ、お茶漬けや冷やご飯に卵かけで十分だと言わず、わざわざ大変な方向で国が食事のあり方まで指定してしまうのだろう。文化の継承という意味でも、手軽な栄養補給という意味でも、お茶漬け、卵かけご飯で十分ではないか。

フランスの「カフェオレとクロワッサン」は有名だが、海外では朝は、簡単な食事で済ませる例は多い。共働き家庭ではなおさらだ。以前、スウェーデンでホームステイさせていただいたお宅は、夫婦がともに学校の先生。朝食は、冷蔵庫から出したヨーグルト、複数のジャム、チーズ、ハム、そしてクラッカー。あとはせいぜい、シリアルと牛乳だ。シリアルは、牛乳をかけるか、ヨーグルトとまぜる。オートミールのように温めたものは出ない。温かいのはポットに入ったコーヒーだけだ。最後に食べ終わった人が、全部まとめて冷蔵庫に戻したら、食器はシンクにひとまとめにして出勤だ。

高校時代をミラノ近郊で1年過ごした息子は、朝食をほとんど食べない習慣を身につけて帰国した……ように見えた。口にするのはエスプレッソといわれる濃いコーヒーと、甘いクッキーのようなものだけだ。朝ご飯を食べる時間があるくらいなら眠りたいがための口実かしらと思ったが、後年ホストファミリーが遊びに来たときに彼らが朝食といったのも、やはりコーヒーとパンに甘いジャムといったものだった。日本人の私たちより体はずっと大きいが、朝はそんなものらしい。

朝ご飯に卵のつくイギリスだって、B&Bだと、初日に「卵はどうやって食べる?」と聞かれて、スクランブルエッグなり目玉焼きなりと答えると、後はチェックアウトの日まで、毎日判で押したように同じ卵料理が出てくる。小学生の娘と泊まったときに、1週間毎朝目玉焼きが続いたのに辟易《へきえき》した娘が、「あのおばちゃん、『毎日同じもので飽きない?』って聞いてくれないね。イギリスの人は毎朝同じもの食べてていやにならないのかなぁ」とぼやいていたが、いや、それが普通なのだ。

東南アジアの場合には、そもそも家で朝食をとらないケースも多いらしい。「個々のアパートにはそんなに大層な台所はない場合も多いから、朝ご飯は屋台で済ませる人たちも多いよ。東南アジア諸国では割合それが普通だね」と言うのは、先程も紹介した世界の食事情に詳しい森枝卓士さんだ。ベトナムでもミャンマーでもマレーシアでも、状況は似たりよったり。戦後は特に屋台が発達したので、出勤途中に屋台に寄って食べたり、出勤前に屋台で買ってきて家で食べたりというのが一般的だという。忙しい朝の食事だ。個々のライフスタイルや状況により都合のよい方法でとるのが自然だが、そうした中で便利な選択肢として大きな位置を占めているのが、屋台なのだという。

そういえば、以前日本企業のシンガポール支社の女性に食生活についてインタビューをしたときに、夕飯はホーカー（屋台）で買って帰ることが多い、共働きは忙しいから、家で作ることはない、と言っていた。東南アジアでは女性の管理職なども多く、女性はよく働く。食事は女性が作らなければならないという認識も、日本ほどではないようだ。

こうして過去の歴史を振り返り、周辺を眺めてみると、朝食は温かくなければ、主菜副菜つきでバランスをとらなければダメだというのは、日本でごく最近出てきた考え方だといえるだろう。それができなければ親として恥ずかしいわけでもなければ、後ろ指をさされる筋合いもない。お茶漬け上等なのである。個々人の家事、特に食事のあり方に正解を求める傾向を、日本はそろそろおしまいにしてもいいのではなかろうか。

もちろん、温かい、手の凝った朝食を出すのは、悪いことではない。しかし、こうして見ていくと、どうしてもやらなければならないことではないと思えてくる。ましてや、文部科学省や「早寝早起き朝ごはん」全国協議会がいうように、「朝ご飯の内容と学力に相関があることがわかり、（中略）バランスよく食べている子どものほうが学力調査の平均点が高い（＊20）」と声高に主張するほどのことなのだろうかという気にさえなる。

ちなみに、２０１５年のＯＥＣＤの調査結果によると、数学と理科を基準とした15歳の子どもの学力の世界比較（＊21）では、朝も夜もホーカーで外食という人も少なくないシンガポールがトップ、早寝早起き朝ごはん国民運動展開中の日本は科学的リテラシーは2位、数学的リテラシーは４位だった。これが、国民がみな正しいバランスのとれた朝食をとるようになったら1位になるだろうか？

2　まずい料理に謝るのは日本だけ？

高校時代にフランスで1年間ホームステイを経験した娘が、フランスの家庭で何よりも驚いたのは、「フランスのママたちはめったに謝らない」ことだったようだ。「こっちのママたちは強いよ。日本とは全然違うよ」と言った話の中身の一つがそれだった。ご飯がまずいことでフランスの（少なくとも彼女のまわりのプロバンスの）人々は、ごめんなさいなどと言うことはない。口に合わないのはレシピのせいだったり、素材のせいだったりするのだ、と娘は言う。

「すごいときは、塩を変えたせいだっていう話になったりするんだよ。ママン（フランスのホストマザー）は、美味しくなくても、絶対ママ（これは私）みたいに、あらごめんなさいって言わない。でも、それはママンだけじゃなくて、友だちのママもママンの友だちもみんなそう」だと言う。

だから、学食で料理が美味《おい》しくないせいで残飯が大量に出ても、調理の人はなんとも思っていないようだ、と娘の報告は続く。子どものころから「残すと作ってくれた人に申し訳ない」とか「農家の人が苦労して作った作物を無駄にして」と言われて育ち、残すことそのものにも罪悪感のある日本の子どもにとって、自分の作った料理に思い入れがまったくなく、残されても無反応な学食のコックさんたちの態度は驚きだったようだ。しかし向こうからすれば、「こっちはちゃんと作ってるのよ、美味しいと思うかどうかはあなたの舌次第でしょ」ということなのだろう。

娘からこの話を聞いたころ、私はちょうど大学院に通っていて、国際色豊かなクラスメートと机を並べていたので、友人たちにも意見を聞いてみた。

「作ってもらった上に、美味しいかどうかで文句を言うのはおかしいんじゃないかな。感覚は人それぞれなんだから、自分の口に合うように、ちょっと調味料を足したりすればいいいんじゃないの?」と言ったのは、料理男子のアメリカ人。

既婚者のナイジェリア人は、「たとえば、すごくしょっぱい料理が出てきたらさ、水をがぶ飲みしながら食べればいいんだよ。作ってもらった料理に文句を言ったりするような、そんなことをして関係を悪くすることはしないよ」という意見だった。

極めつけはバーで美味しいものを食べるのが好きというグルメなアメリカ人。「もし自分の彼女が料理が苦手なら、こっちが作るとか、一緒に作るとかすればいいだけだよ。それで文句を言うのはおかしいよね」

誰からも、料理が美味しくないことで謝ることは想定していないという返事が返ってきた。

以前、我が家にイタリア人夫妻が泊まったときに、郷土料理を作ってくれたことがある。年配の仲の良いご夫婦で、夫の靴紐を妻が結ぶという、なんでも彼女がやってあげるカップルだった。日本の昔ながらの夫婦像に近い印象を与えるご夫妻だったのだ。

その彼女が、調理の際、「もしかしたら、美味しくできないかもしれないわ。日本の塩はイタリアの岩塩と違うかもしれないものね」と言った。文字通り、塩のせいで美味しくないかもしれないけど、それは私のせいじゃないわよ、という話の展開に、娘のフランスのホストマザーの話を思い出した。美味しくできないことにそんなに罪悪感を感じなくてもいいんだな、と肩の力が抜ける経験だった。

日本では、一生懸命作ったのに「食べてくれない」という話をよく耳にする。特に離乳食なんて悲惨なものだ。「作り方が悪いのかしら」「なんで食べてくれないのかな」……まるで赤ちゃんが食べないのは自分の調理に問題があるせいだと言わんばかりに責任を感じるママは多いようだ。

しかし、個体差には食の細い太いもあるだろうし、お腹がペコペコかどうかというタイミングの問題もあるだろう。また、思いつめたママが真剣な顔つきで用意し、しかもサシで口元をじっと睨《にら》まれながら食べる食事を、赤ちゃんが「楽しい」「美味しい」と感じるものなのだろうかと、疑問に思わなくもない。

赤ちゃんでもそうなのだから、夫など言わずもがなだ。それまでの育ち方や生活習慣によって、嗜好《しこう》も違えば、その日の状態でも美味しく感じるもの感じないものもあるだろう。その責任を全部妻が感じる必要はないのだ。

もちろん、口に合わないと文句を言われる筋合いも、ない。自分の口に合わないと思ったら、調味料で調整すればよいのだし、こちらの作ったものがまったく口に合わないというのであれば、納得のいくものを本人が作ればいい。

おそらく、日本の外の多くの国では、そんなロジックが主流なのではないだろうか。

3　食器は毎食後洗うもの？

2009年にP&Gが行なった日本と欧米数カ国での家事比較調査（「家事と自分時間とのバランスに関する意識・実態調査」）（＊22）によると、1日に3回以上食器を洗う人の割合は、日本人で55・5%だった。言い換えるなら、「日本の主婦の半数以上の人が、毎食後、食器を洗っている」ことになる。

半分程度の人が、毎食後に食器を洗っていると言われると、どうだろう。「毎食後洗っている人って、意外と少ないのね」というのが、この数字を見たときの私の感想だった。まわりの人の話を聞いていると、みんなが、ほぼ毎食後、食器も調理器具も洗っているという印象を持っていたからだ。

掃除の記事を書いたり、家事のアイデアを提案するような仕事をしているので、日本のいわゆる主婦向け雑誌を読む機会が多いのだが、読んでいると、台所はこまめに洗浄することが前提となっている。そして、それだけでは十分といえないので、雑菌の繁殖を防いだり、食中毒を防ぐためにはどんなことをしたらいいか、といった一歩進んだことが記事のテーマになる。

食を扱う台所、家族の健康に関わる食の現場の衛生管理は、家族の健康を預かる主婦が最も気を使うところであり、また気を使って当然だという暗黙の了解を、私自身もなんとなく感じながら仕事をしてきた。だから、「食器を毎食後洗わない手もあり」という選択肢が、浮かばなかったといえば、浮かばなかった。

残りの45%は、夕食後にまとめて洗うのだろうか。数字を見ながらそう考えた。まぁ、食洗機があれば、その方が水も節約できるし、効率もよい。その手もあったな、と一人で納得した。納得しながらも、それをまわりに言うかというと――たとえばそんなことを親に言うかといったら、それは別問題だなぁ、と考えた。食べっぱなしなんて、「だらしがない」からだ。世間体《てい》的には、「だらしがない」と言われる可能性が高い、という方が正確だろう。

そして、「そういうだらしのない家庭で育つと、女の子は大人になってから困るわよ」という母世代からのお小言が気になってしまう小心さが、ついつい毎食後、食器を洗ってしまう理由なのかもしれないと、ふと考えた。

ところが、他国での状況に目を向けると、この数字は異常に高いことがわかる。イギリスでは、日本のほぼ半分の27・3％が、毎食後、食器を洗っているが、アメリカでは8・3％、スウェーデンに至っては7・7％と、毎食後洗わないのが常識といってよい状態だ。

もちろん、アメリカやヨーロッパなどでは日本よりさらに食洗機が普及していて、熱湯で食器が洗浄できるため、まとめ洗いをしても雑菌に対処しやすいといった現実はあるだろう。忙しい毎日、熱湯での洗浄が可能で、洗浄回数を1回に減らせるなら、そういう他国の常識を導入するのは一案だ。

そう思っていたところへ、じつは日本でも、毎食後に食器を洗うという習慣は、比較的新しいものであることを知った。昭和初期には「食器を毎回洗うことはなかったので、一通り食事を済ませるとそれぞれが湯を茶碗にあけ、たくあんなどで器を拭《ぬぐ》ってから湯を飲み干す。そしてそれが済んだ順から個別に膳を元にしまう」のが一般的だったらしい（＊23）。一汁一菜の質素な食事だからこそ成せる技ではあったかもしれないが、洗鉢《せんぱつ》は、禅宗の宿坊だけでなく、一般家庭でも行なわれていた。それも、江戸時代の話ではなく、昭和の初めまで。

　こう考えると、毎食後食器を洗わないのは不潔だ、だらしがないといった発想は、じつは案外新しいものだということに気づく。昨今の日本で、あたかも「昔からそうだった」と信じられている生活習慣は、じつは戦後数十年の間に生まれたものも多いのではないだろうか。

戦後、核家族化の進行と、電化と、インスタント食品その他の普及によって、生活は急速に便利になった。その中で、男女の分業を進行させ、女性を家庭にひきとめておくには、「ちゃんとした家事」「きちんとした家事」を行なう主婦を賞賛することで、スーザン・H・ヴォーゲルが言うように、「主婦としての役割」を美化し、正当化していく必要があったのかもしれない。

4　外食は体に悪い？

修論のインタビューでもそうだったが、日常的によく耳にするのが、「外食は体に悪い」「家で作った方がヘルシー」という考え方だ。

　栄養素という観点から考えると、体によいか悪いかは、何を食べたかによって決まる。誰がどこで作ったかは、栄養には影響しない。

以前、ハンバーガーを食べ続けたらどうなるかという人体実験を追った『スーパーサイズ・ミー』というアメリカ映画があったが、あれとて、極端な偏食は問題だという例ではあっても、だから「外食は健康に悪い」とは言えないだろう。

たとえば、屋台やコーヒーショップを中心に食の外食化が常態化しているといわれるシンガポールの平均寿命は、男性80・6歳、女性は85・1歳と、日本の80・98歳と87・14歳と比べても大差がない。

2008年に香港の保健省が行なった調査（＊24）によると、12歳以上の香港人の44％は、朝食、昼食ともに外食をしているという。確かに、香港に行くと、朝から飲茶の店で食事をとる年配の人たちを見かけるし、屋台で食事を済ませる生活が浸透しているように見受けられる。その香港は、2017年に発表された厚生労働省の調査では、平均寿命が男性81・32歳、女性87・34歳と、若干だが男女ともが日本を抜いてトップとなり話題になった。

もちろん、平均寿命だけでは健康度合いは測れないが、生活レベルの比較的近いアジア圏にある外食大国2国と、日本の平均寿命とに大差がないことは、「外食が健康に悪い」という決めつけに大きな疑問符を呈する理由にはなるのではないか。

そもそも、東南アジアのアパートなどでは、立派な台所がないところも少なくないという、先程から何度も登場している、世界の食事情に詳しい食文化研究者・森枝卓士さんの話もすでに紹介した通りだ。暑い国では、台所を室内に作りつけることで、さらに室内の温度が上がってしまうという住宅事情からか、外食が非常に発達している。

海外就職・留学にまつわる生活情報を発信しているウェブサイト「Guanxi Times」（＊25）によると、タイには屋内に調理スペースやシンクがない家が多数存在するという。その理由としては、炭で煮炊きをすると家が汚れることから、室内で煮炊きをしない習慣が根付いたという部分と、森枝さんも指摘するように、屋台と外食産業が発達しているので、家で料理をする必要がないという部分とがあるようだ。こうした状況は、台湾やベトナムでも似たり寄ったりだ。

ほぼ毎日外食をしていると、栄養が偏《かたよ》って、みんなが『スーパーサイズ・ミー』の被験者のように肥満化してしまうかといえば、そんなことはない。シンガポールで行なわれた子どもの偏食に関する調査でも、問題として指摘されているのは、子どもの孤食による偏食がカロリーの過剰摂取につながるという指摘だった（＊26）。要は食べ方の問題なのだ。

偏食をせず、適度なカロリーと野菜の摂取がなされていれば、非常に長寿とまではいかなくとも、非常に不健康な食生活にはならない。もちろん、家庭で作る料理ならば有機野菜や無農薬野菜といった食材の選択が容易だとはいえるが、オーガニックフードを扱うレストランという選択肢もないわけではない。一方で、それほど気を使わずに普通にスーパーで買ったものを食べている限り、家庭料理より外食の方がことのほか健康に悪いともいえない。

そう考えていくと、この「家庭料理の方がヘルシー」「体によい」という家庭料理信仰は根拠不十分ではないかと思える。『コンビニ食・外食で健康になる方法』の著者で、管理栄養士の浅野まみこさんによると、「基本的にコンビニ食や外食だと、〝野菜が不足する〟〝塩分が高くなる〟〝動物性脂肪に偏る〟、人によっては〝炭水化物に偏る〟といった傾向にあります。しかし、これらに注意してうまくカバーすれば、外食やコンビニ食でもちゃんと栄養バランスを取ることはできます」と言う(＊27)。

それにもかかわらず、外食より家庭での手づくり食の方が健康的で、よいものだと考えられる傾向にある理由の一つに、政府・行政の、外食に対する厳しい視線があげられるのではないか。

たとえば、東京都消費生活総合センターでは、戦後の日本の食生活は、洋風化することでタンパク質などを補う方向へ向かい、日本人の体位体力の増進に大いに役立ったとしながらも、「日本の食生活はさらなる『洋風化』、また『多国籍化』、そして新たに『外部化』といった方向へと進んだことで、現在では、栄養バランスの崩れが食に関わる一つの問題として懸念されています」として警鐘を鳴らす（＊28）。

食の外部化とは、「女性の社会進出等によって」「食へのニーズが簡便なものへと向けられたこと」「一般的な外食と総菜や弁当などの中食の消費が増加したこと」を指す。「孤食（独りで食べる）や個食（一緒に食べても個々が違うメニューを食べる）、欠食（3食きちんととらない）といった食生活の問題が生じ」ついには「家族のコミュニケーションの場」という食卓の機能を低下させているというのだ。

農林水産省でも「料理をする家庭が減り、食生活の大部分を外部の食産業（外食、中食、通販、ファーストフードなど）に頼る家族が急激に増加している。若者の間ではバラバラ食いとか勝手食いとかいった新しい風俗が広がっている（＊29）」として、昨今の食の外部化を問題視している。それどころか、「家庭で作る料理も各国の料理がいりみだれ、味つけや素材など従来にない組み合わせが登場し、食材なども海外に依存するものが多くなった（＊30）」ことも、指摘すべき問題だととらえられている。

昭和30年代以降、政府が繰り返し指摘しているのが、「女性の社会進出等」に起因する

「食の簡素化」であり、それが「孤食」「個食」「欠食」につながり、ひいては「家族のコミュニケーションの場」という食卓の機能を低下させるという点である。食が簡素化し、外食が増えることを、なぜ政府はこれほど非難するのか……いや、おそらく彼らが非難したいのは、女性の社会進出そのものなのだろうという気さえしてくる。女性が社会進出しなければ、戦前のように家庭にいれば、食は豊かで、食卓は家族のコミュニケーションの要《かなめ》であり続けたのだろうか。

資料をひもといて見れば、戦前の食事は、一種の義務的な様相を帯び、素早く済ませることが勧められていた（＊31）のが実際のところで、「話をせずに早く腹一杯食え」とはどこの家でも注意されること（＊32）だった。つまり、日本の一般家庭の食卓は、もともとコミュニケーションの要でなどなかったのだ。

外食を敵視するのではなく、浅野まみこさんが指導されるように、うまく外食を使いこなして時間的なゆとりを生み出しつつ、栄養のバランスをとって、今までなかった食卓でのコミュニケーションを作り出す。そろそろ、そういう方向に頭を切り換えるべき時期にきているのではないだろうか。

5　難行苦行の年末大掃除

年末恒例の難行苦行といったら、年賀状書きよりも大掃除だ。そうでなくても、忘年会だ、クリスマス会だと忙しいこの時期に、なぜ大掃除が必要なのか。

一年の汚れを落として、新しい年を迎える。これはもともと、煤払《すすはら》いという神道行事にその端を発するものらしい。神社本庁のウェブサイト（＊33）によると、大掃除は「正月迎え、ことはじめ、ええことはじめ、まつならし等と呼ぶ地域もあり、掃除とともにお正月に年神さまをお迎えする、お正月準備のはじめとも言われてい」るとのこと。「全国的に12月13日に行われることが多く、（中略）今でも各地の神社で」受け継がれている行事だ。

「江戸時代は煮炊きは薪《たきぎ》であったため、家中に煤がつくので、天井の煤まで払う必要がありました。陰暦の12月13日は『煤払い』の日と決められており、江戸城内にならって江戸中が煤払いを行ったようです」（＊34）と「尼崎市神社あんない」にある。

幸いにして、現代のコンロは竈《かまど》ほど煤が出ない。江戸時代が終わってすでに150年。熱心な神道信者で、年神様をお迎えする上でどうしても、家中を祓《はら》い清めねばならないという人はともかく、一般の、年に一回初詣に行くか行かないか程度の神道信者なら、わざわざ年末の忙しい時期に煤払いなんかしなくてもよいのではなかろうか。ちょっと汚れたままの所に年神様をお迎えしてみて、厄年のような状態になってしまったら、気になる人は年末にちょっと煤払いをしてみる程度で十分だろうなどというのは、あまりに不信心か。

じつは、年末に大掃除をしなくてもいいのではと考える理由は、こうした宗教的要素だけではない。昨今の食の西洋化で、台所の汚れが煤から油へと変わったことも、大きな理由である。油は寒いと固まってしまい、落とすのに手間がかかる。冬に掃除をするのと夏にするのだったら、夏の方がよほど手間がかからない。ましてや、大掃除の日だからと早起きをして、気温の下がりきった早朝から換気扇の掃除を始めるなど、愚《ぐ》の骨頂だ。

家中の窓を開け放って掃除をするのも、エネルギー効率を考えると、いかがなものか。褞袍《どてら》と火鉢という個別暖房の時代なら、窓を開けて外の寒い空気が入ってきても、室温への影響はたかが知れている。しかし、高気密の家で家全体をしっかり暖房した後に、窓を開け放して家中の気温を外と同じくらいまで落とし、窓掃除の後、また暖房をして一から室温を上げるとなると、これは膨大なエネルギーの無駄遣いだろう。そんな効率の悪いことを、江戸時代の習慣を引きずって続ける必要がどこにあるというのだろう。

欧米にはスプリング・クリーニングといわれる大掃除がある。春になると家のほこりをとるべく掃除をするのだ。ちなみに、キリスト教社会では、春にイースターというクリスマスと並ぶお祭りがある。日本のように、家を清めてキリストの復活を祝うのだろうか？　イースターとスプリング・クリーニングの関係やいかに？

そう思って、複数のクリスチャンのアメリカ人やイギリス人に聞いてみたが、「家の掃除とイエス・キリストの復活にどういう関係性を見いだそうとしているのか」などと逆に質問される事態に陥《おちい》ってしまった。

彼らの理解によれば、冬の間は寒さが厳しく、燃料を少しでも効率的に使いながら家の中を暖めるためには、暖房のスイッチを切ったり入れたりせずに一定に保ったり、窓をなるべく開けないようにするといった工夫をしているので、春になって、窓を開けたら、空気を入れ換え、掃除をするだけのことだという。「キリスト教と掃除が関係があるのかなんて聞いたのは、あなたが初めてよ」と苦笑されるに至り、掃除を宗教に結びつけるのは日本人くらいなのかもしれない、と気がついた。

そういう意味でも、あまり、「やらねばならない」と厳格に自らを追い込まず、日本の習慣を尊重する上でちょっと掃除をする……程度のスタンスが広がると、掃除をする側は気分的にずいぶん楽になると思う。塵《ちり》一つない部屋でお正月を迎える家庭の主婦が「いい主婦」だなんて、そんな時代はもう終わりにしたいものだ。

余談ついでに書くと、欧米ではクリスマスツリーは出しっぱなしで新年を迎える。日本では、お正月には家族が集まり、クリスマスには友人たちとお祭り騒ぎを楽しむ傾向があるが、欧米は日本とは逆で、クリスマスが親戚縁者の集まるファミリーイベントだ。普段教会に行かない人たちでも、クリスマスツリーやクリスマスディナーを大事にしている家族は多い。人工のものでも大きなツリーが多いし、生木を飾る家庭もある。ツリーそのものは、1月6日の公現日（公現祭ともいう）までは出しておくものなので、むしろ、年末にバタバタとツリーを片付けて新年の飾り付けをするというと、驚かれる。

新年に人が来ることはまずない我が家では、数年前からクリスチャン形式を採用し、クリスマスツリーは1月の1週目まで出しっぱなし。ドアのリースだけ、正月仕様の飾りに変えることにしている。

6　宿題は母親の責任？

幸か不幸か、はたまた親に似てか、我が家の子どもたちは学校での出来がお世辞にもよいとはいえず、勉強は苦手、特に小学校のころは、「宿題をしてこない」「忘れ物をした」といったことで、よく学校から電話がかかってきた。高校になってからも、服装の乱れだの授業をサボっただの、もちろん、成績不振といったことでも電話をいただいた。

学校には緊急連絡先として、自宅の番号の他、夫と私の携帯番号を伝えてあったが、家に誰もいないとなると、まず携帯に電話を受けるのは私だった。不祥事だけでなく、面談やその他、子どものことに関しては基本的に私に連絡が来た。共働きで、両方の連絡先を伝えてあっても、夫に連絡がいくことは、まずない。

一時期、パートナーが専業主夫をしていた友人も、同じ経験をしていた。学校に、「夫が在宅ですから、何かあったら夫に連絡してください」と伝えても、学校がまず連絡してくるのは彼女にだったと言う。何度も「それは夫の担当なので」と学校に伝え続け、学校の理解を得るまでにはかなり時間がかかったと言っていた。

学校から電話が来るたびに、2つの疑問が頭をかすめる。

一つ目の大きな疑問は、「それは果たして親の責任なのか」ということだ。宿題をやってこない。忘れ物をする。授業をサボる。悪いことではあるけれど、それは、親が学校から指摘され、「申し訳ありません」と頭を下げるようなことなのだろうか、という疑問だ。つまり、問題行動を親の責任にする前に、学校から子どもへの働きかけがもう少しあってもよいのではないか、という疑問である。

そして、もう一つの疑問は、なぜ、両親ではなく、母親に連絡が来るのか？　まるで、学校での問題行動や成績不振は、母親の監督不行き届きだといわんばかりだ。

90年代初頭の日本で子どもを幼稚園に通わせた経験を持つ、デューク大学の社会学者アン・アリソンは言う。

「日本の学校というのは（中略）子どもたちの日常生活に深く入り込み、日々の生活を形作る役割をしている。そして母親は、私と息子の15ヶ月の幼稚園生活の日々が端的に示しているとおり、学校での習慣を家庭に持ち込み日々実践することを期待されている。（＊35）」

アリソンに言わせると、そうした母親への刷り込みは、幼稚園でお弁当を作ることから始まる。きちんと食べられる量を勘案し、食欲をそそる美しい盛り付けのお弁当を作ることで、子どもの完食を誘導するのは母親の責任だと刷り込まれる。そうやって学校を通して、日本の母親は母親という役割を学び、その役割を演じるように学校教育を通して教育されていくと分析している。

その一つの例として、彼女が自分の失敗談を披露しているのが「歯磨きカレンダー」だ。夏休み前に息子が持ち帰ったとき、彼女はただ、幼稚園がくれた表だと思ったと言う。もらったものだから、やるもやらぬも、もらった側の自由。そう考え、何もしないまま夏休みの終わりを迎えたところ、よその家庭では、「先生のご指導通り」歯を磨かせ、記録をさせて提出していることに驚いたという。

アリソンは、こうした細かい点にまで学校や幼稚園が介入することで、それ以前は宗教などが果たしていた社会的教育の役割をも日本の学校や幼稚園が担《にな》っていると見る。そして、そうした教育が日常生活の隅々まで入り込むことで、母親は自らが、国が求める政治的な秩序の維持を担う性的役割にあるのだという考え方を刷り込まれていくと指摘する。

ちなみに、多国籍の生徒が集まるインターナショナルスクールで教える友人に言わせると、「宿題というのは、翌日の学習の準備の一部という理解なので、宿題は子どもの責任」だ。3回やってこないと連絡帳で親に伝え、親は確認のサインをするが、親に電話をすることはないと言う。

アメリカの教育者リック・アッカリーのブログには、3年生の生徒の母親と先生との間のこんなやりとりが紹介されている（＊36）。

先生側の「宿題をやってこない」という指摘に対し、「やらせるのが大変だ」と母親が言うと、先生から、「まずは、生徒がこなせる量になっているかどうかの確認をするために、タイマーをセットしてやらせてみてほしい」と提案される。その結果によって、子どもが授業を理解できていない可能性や、宿題の適正量について考えるのは、先生の側だ、というのが先生の理解だ。主体はあくまで「子どもと、授業を運営する先生」であって、親は子どもの状況を把握している必要はあるが、先生の代理ではない、という認識は、インターナショナルスクールでもアメリカの学校でも共通している。

以前、在日のアメリカ人の子どもたちが多く参加するスキーキャンプに子どもを参加させることになったとき、参加者あてに送られてきた注意事項と参加同意書を見て驚いた。「注意事項を読みました。注意事項を守ります」という一行の後にあったのは、子どもが自分の名前を記載する欄と、親の署名欄だったからだ。親の署名の上には、「本人が署名したのを確認しました」という一文がある。

日本の学校なら、親が署名捺印をして提出するところだが、「6年生といえども責任は子どもにある」というのがアメリカのスタンスらしい。日本の学校との違いに驚いたと私が言うと、リーダーは、「エロ本を持ち込みません」「夜、異性の部屋に行きません」などといったことは、親が理解していてもしょうがないでしょう、参加する子どもがちゃんと理解して、「それを守ります」という宣誓の意味で署名するのでなくては……と説明してくれた。問題があったときには、その署名を見せて、「君が署名したんだから、ちゃんと守りなさい」という展開になるらしい。

こうやって考えていくと、自分も含めて、日本のお母さん、子どもの行動に責任を感じすぎだなぁと思う。先述の社会学者アリソンは、そうやって学校を通して、よい母親になっていくよう国がしむけている（＊37）と見ている。

以前、女優さんの息子が強姦容疑で逮捕されたときに、マスコミが母親の監督責任を叩くような報道をしたことがあったが（後に不起訴）、こうしたことも、成人であれば十分に本人の責任だ。それが、まるで親の育て方が悪かったから……といわんばかりの報道であふれかえるのは、いくつになっても「不祥事はママのせいだ」とマスコミが信じているからだろう。国にもメディアにもそう言われると、それが世界の常識のような錯覚に陥るけれど、そんなことはない。

未成年にも徐々に自分の言動に責任を持たせるのは、決して悪いことではないし、そうやって自分の責任を理解して、自立できる大人になっていってほしいと思う。そして、そういう人が官庁やマスコミに増えることで、「なんでも母親の責任だ」というプロパガンダが徐々に減っていってほしいと心から願う。

（3）経済成長という祭りの後で

1　男は仕事、女はサラリーマン製造部隊

日本で共働き世帯数が片働き世帯数と初めて並んだのは、1991年のことだ。10年ほど抜きつ抜かれつの状態が続き、2000年以降は、徐々に共働き世帯が片働き世帯を大きく上回るようになり、この傾向は今日まで続いている（**資料6**）。

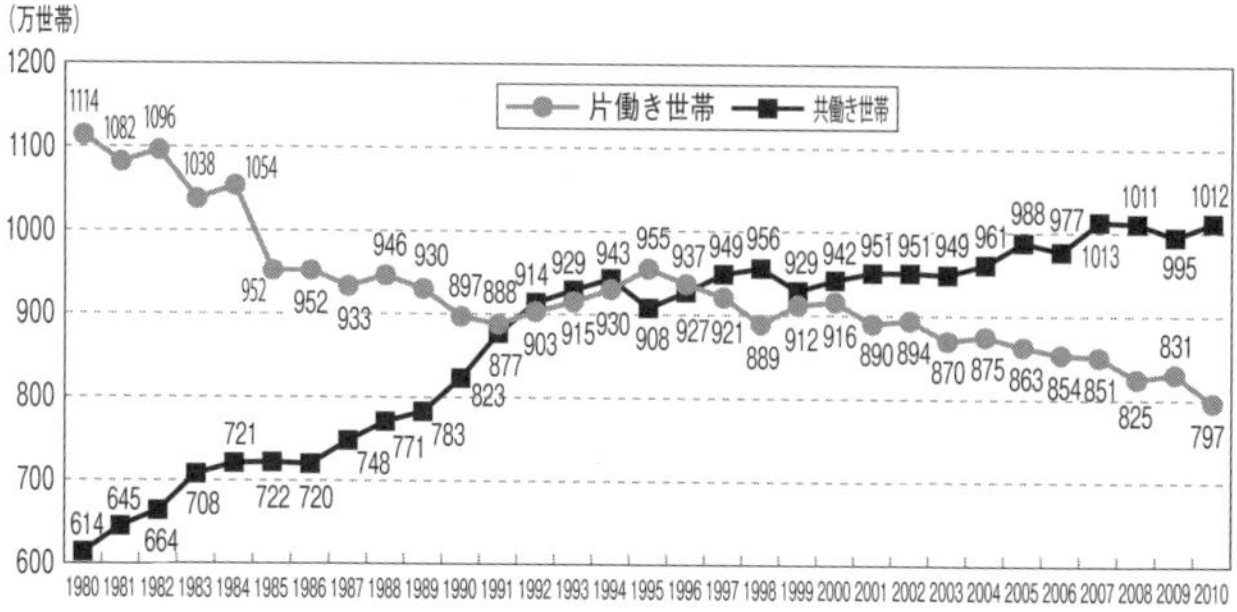

（注）1 「片働き世帯」とは、夫が非農林業雇用者で、妻が非就業者（非労働力人口及び完全失業者）の世帯。
2 「共働き世帯」とは、夫婦ともに非農林業雇用者の世帯。

資料6 「片働き世帯数と共働き世帯数の推移」

（出典：総務省「労働力調査特別調査」「労働力調査」より国土交通省作成）

女性の就労がこれだけ一般化しているにもかかわらず、男女の賃金格差は世界ワースト3位、管理職の少なさでは世界トップ（＊38）という状況が続いている。

「日本経済は、女性が母親であり、働き手であることを必要としている」（＊39）というのは、ボストン大学の文化人類学者メリー・アイザック・ホワイトだ。母親として経済の消費活動に関わり、同時に、労働者としては、「必要な時には雇用されるけれど、不要な時には職場から離れる臨時の労働力」として経済活動に参加することが期待されている、というわけだ。

上智大学法学部の三浦まり教授が、「日本の労働市場で、女性は緩衝材」（＊40）にされてきたと嘆く理由がここにある。一方で、日本以外の国では女性の労働市場への進出に伴い、賃金格差が徐々に是正され、男女格差がなくなる傾向を示している中で、なぜ日本は真逆の方向に突っ走りながらも、大きな経済発展を成し遂げ得たのかは、欧米の社会学者の中でも関心の的であると三浦教授は言う。

性的役割分担がうまくいったから、経済発展が成し遂げられたのか？　これについては、日本の労働市場に詳しいメアリー・ブリントンは懐疑的だ。「日本女性の役割は戦後の日本社会における社会的経済的組織にひもづけられている」（＊41）と言う。ブリントンと共同研究者のマンが行なった、日本の大手企業人事担当者への聞き取り調査などの結果からも、子どもが社会に深く根付く文化規範を習得できるかどうかは、ひとえに母親の肩にかかっているという認識が、未だに日本の社会には根強く残っていると言えると指摘している。

日本の社会で育つと、それが当たり前のように見えるが、別の文化価値の社会からやって来た人の目には、こうした男女の役割分担はかなり奇異に見えるばかりでなく、実際に学校などを体験すると、教育システムの中で繰り返し、性的役割、特に「母親が母親であること」の価値が刷り込まれていくと感じるようだ。

実際に、先にも紹介した、子どもを日本の幼稚園に通わせ、先生がどのように母親を指導するかを身をもって体験した社会学者アリソンの目には、「子どもたちは、女性が母親として果たす役割に大きく依存している。同時に女性たちは、母親としてのタスクをこなすべく圧力をかけられている（＊42）」と映っている。そして、こうした圧力は、教育システムという国のシステムを通して、幼稚園にまで行き届いている。こうした状況が、労働市場における男女格差の解消を阻む原因となっているというのだ。

もう少し踏み込んで言うならば、国が期待するように、子どもたちが将来、有望な会社員や組織人となって、国の経済発展のため貢献するということは、言い換えれば、よい中学または高校からよい大学に入って、大きな会社や組織に勤めて、ＧＮＰの拡大に努めるということだろう。なんだか、20世紀的な古い価値観のようにも聞こえる「よい大学から大手企業」という人生設計だが、就活動向などを見ても、従業員５０００人以上の大企業を希望する学生は今も増えており、従業員３００人以下の中小企業希望者は減少（＊43）している。大手だっていつ倒産するかわからないといわれる時代にあっても、高度経済成長期にしっかりとできあがった価値観は、日本全体に深く浸透しているのだ。

そして、社会に適応する優秀な子どもを育てる基本的な責任は母親、という図式も、その一部として大きく崩れることなく継承されていると言えるだろう。

2　学校は「よい母」養成所

それでは具体的に、学校はどのようにして「よい母」を養成するのだろうか。社会学者アリソンの分析をベースに、細かく見ていきたい。

息子を幼稚園に通わせたアリソンが驚愕《きようがく》したのが、先にも述べたお弁当と、夏休みの歯磨きカレンダーだった。日本の母親のお弁当作りが大変なことは、社会学者として実際に経験したアリソンならずとも、日本に長い外国人の母親たちには認識されていると思われる。

アメリカで持参するランチというと、パンにピーナツバターとジャムを塗った、超簡易的サンドイッチが有名だ。実際にアメリカやカナダで日本の中高生を連れてキャンプに参加したときの経験からすると、このサンドイッチだけが出てくることはなく、細長くカットした生の人参や、リンゴまるごと1個、それにジュースくらいはついてきた。運がよければチーズのはさまったサンドイッチが出てくることもある。

あちら式お弁当の特徴は、一切熱を使わないことと、捨てられる容器に入っていることだろう。日本でいえば、ラップやアルミホイルに包んだおにぎりとお茶を持たされるのに近いが、おにぎりとて、ご飯を炊くという作業があることを考えると、あちら式はやはり、かなり簡易なものではある。

しかし、その簡易式ランチが当然の人たちからすると、朝から肉や野菜を焼いたり煮たり揚げたりしたおかずを、何種類も小さな箱に詰めて作るお弁当は、とても手の込んだ、大変なものに感じられるようだ。

幼稚園で食べるお弁当は、初めて「外」の世界に出て緊張を強《し》いられる子どもたちが、「うち」と母を感じられるもの、つまり、外とうちのパイプの役割を果たしている。それだけでなく、手間ひまかけて作るお弁当は、アリソンによれば「女性が母親としてどれほど真剣に取り組んでいるかを示すものであり、お母さんが真剣に取り組んでいるのだからという ことで、子どもの側にも真剣に取り組むことを促すもの」ということになる。

幼稚園で、子どもたちは「残さずに食べましょう」と言われる。これはおそらく幼稚園に限らず、小学校の給食などでも言われることだろう。アリソンは、この経験を通して「子どもたちは、周囲の期待に応えることを学ぶ」ととらえている。

子どもたちの様子を見ながら先生はお弁当を確認する。子どもが食べるのに時間がかかったり、残したりすると、「量が多いのではないか」「もう少し食べやすいものを」「彩りも大切に」など、先生が母親にアドバイスをする。

ここで、アリソン母子は、2つの日本社会のプレッシャーに直面したと言う。

その一つは「残すなと言われたら残してはいけない」ということだ。「やれと言われたらやらなければならず、ダメと言われたらダメ」……それが日本の学校教育だということに、アリソンと息子は直面したのだ。

もう一つは、子どもがお弁当を完食できるかどうかは、母親の責任だと考えられているという現実だ。子どもに食欲があるかどうか、体調はどうか、もともと小食なのではないか、といったことを飛び越えて、まずは、そもそも完食できるお弁当を作るのは母親の責任だ、というところから話が始まることに、アリソンは驚きを隠さない。

そしてまた、お弁当の完成度は、母親としてどれほど子どもに手をかけているかの象徴としてとらえられている、とも指摘している。そうやって、家庭から陰に日向《ひなた》に子どもを支えることが、父親が不在がちの家庭にあって子どもを成功に導くことにつながると考えられている、と。

外の社会で頑張る子どもたちを、家から支えるよい母親。そうした母があってこそ、子どもはまっとうに育つ。……というのは当然でもあり、美しいメッセージのようにも聞こえるが、「こうしたお弁当文化は、価値観と性差別的な意味合いの中に巧妙に埋め込まれ、国はそれを間接的に操っている」とアリソンはまとめている。

また、息子が持ち帰った夏休みの歯磨きカレンダーについて、前にも述べたように、当初アリソンは、夏休み前の幼稚園からのお土産だと解釈し、「義務」だとは思わなかった。しかし、夏休み後に交わした先生との会話から、アリソンは、日本では「夏休み中に生活習慣が大きく崩れると、新学期に幼稚園の生活に戻るのが大変だからという配慮から、生活が大きく乱れないように親が留意するべきだと考えられている」（そして、彼女はそんなことは考えていなかった）ことを学ぶ。

こうしたシステムについて、「家から離れた学校での子どもの生活をモニタリングするのが母親の義務だということはわかっていたが、その義務をきちんと果たしているかを、逆にカレンダーをつけるという過程を通じて学校がモニタリングし、その権限が担任に与えられている」と彼女は分析している。そして、母親というのは、子どもが学校生活を送る間、学校での生活や習慣を家庭内で遂行する役割を担っていると、まとめている。

こうして部外者の目から日本の母親の役割を見ると、確かに、学校で先生が指導しやすいように母親がサポートするのは当然だと思い込まされている節がある。小学生のいる家庭では、宿題をしてこない子どものことで、母親あてに学校から電話がかかってくることは、そう珍しくないだろう。「お母さん、ちゃんと宿題をやらせてください」というわけだ。

電話が来れば、母親はもちろん、「はい、すみませんでした」と先生に謝る。多くの場合、母親はその後、「ちゃんと、宿題やりなさい！」と子どもを叱りつけ、机に座らせる……という展開になるわけだが、よくよく考えれば、「本人に宿題の重要性がわかっていないようなので、先生から説明してほしい」と、先生から指導してもらうという発想もあっていいはずだ。宿題が多くて手が回らないなら、本人に先生と交渉させる手もあるだろう。あるいは、ちょっと矛先《ほこさき》を変えて、「夫に言ってください」というのもありだろうか。

何も、学校から出た宿題を全部やらせるのは母親の仕事だと、頭から決めつけなくてもよいはずなのだ。

3　家庭機能という足かせ

遅刻、宿題忘れ、忘れ物……その他、学校で子どもが問題を起こすと、とりあえず、学校から家庭に電話がかかってくる。昨今は仕事その他で日中親が家に不在なケースも多く、連絡先に携帯電話番号を記載するよう言われることも多いが、問題行動や体調不良の「ご連絡」は、両親がそろっている家庭でも十中八九、母親にかかってくる。おそらくは、子どもの諸問題は母親の責任という、日本全国津々浦々に行き届いた大前提を元に、先生は母親に電話をするのだろう。

アリソンやブリントンは、学校を中心とした全国的な「子どもの問題は母親の責任」という刷り込みは、国策だと考えているわけだが、「確かに国が先導してきたんだな」と納得させられる報告書が、平成5年に厚生省人口問題研究所から出ている。「家庭機能とその変化に関する研究――平成4年度：厚生白書、国民生活白書にみる家庭機能のとらえ方」がそれだ。

この研究報告書の何より不思議なところは、家庭機能とは何かという定義がなされていないことだ。基本的には、戦後の「家庭機能」の弱体化に対して「今後の行政方針として何を目指すべきか」を考えるために、家庭機能が戦後どう弱体化してきたかを総括した報告書だ。読んでみると、確かに昭和30年代から家庭機能の弱体化が、厚生白書、国民生活白書、そして犯罪白書で繰り返し叫ばれている。

昭和30年代には青少年犯罪などが「家庭機能の弱体化」の問題として取り上げられ、40年代になると親の養育態度が問題視され、子どもの甘やかしなどが起きたとされる。女性が外に出ることに対しては、所得の増加、消費水準の上昇などの経済的メリットを認めつつも、「家庭における主婦の役割、家事、育児、教育、近隣との付き合い等が十分に果たされなくなることからくる家庭機能の低下、特に育児、教育」に悪影響だという指摘がある。家庭における主婦の役割が上記だとすると、家庭における夫の役割は何だと当時の役人は考えていたのだろうかと疑問に思う。

昭和42年の国民生活白書には、「多くの子どもが人格形成上の大切な時期に母親の保護と慈愛を離れて『鍵っ子』として放任されている」と指摘。さらに昭和44年の犯罪白書では、「犯罪少年の所属する家庭の中に占める共かせぎ家庭の割合は、一般少年の場合のそれに比して、かなり高率であるといえるように思われる」と断言している。と同時に、「共かせぎ家庭（中略）では、両親、とくに母親と子どもとの間の接触の機会が少なくなることは明らかであり、ややもすれば、少年が家庭生活から離脱し、非行などに走る危険性があるので、親子間の精神的つながりを保つために特段の配慮と努力を払うことが必要とされよう」というのだが、当時接触の機会が圧倒的に少なかったのは、父親ではなかったのか。

さらに昭和50年代になると、子どものペット化、家庭内暴力、少年非行、老人の孤独、疎外感まで、家庭機能の弱体化による問題として取り上げられるようになってくる。もちろん、昭和60年代のいじめ、登校拒否、引きこもりも、「都会の孤立した子育て」という家庭機能弱体化の問題だし、老人問題も「家庭の介護力の低下」として取り上げられている。

家庭機能の低下、弱体化の要因は、「家事育児を担っていた女性の職場進出」であるという。それだけでなく、「戦前の日本社会の『家』制度のもとでは、（中略）直系家族制により、同居原則が確固のものとして成立していた」と指摘。「老人の同居扶養は制度的にも、意識的にも、また習慣的にも安定していた」のに、戦後の女性の職場進出と核家族化で「性別分業意識の揺らぎ」が起き、「家庭機能にも大きな影響」を与えていると言う。

平成に入っても、国民白書では「また、家庭内暴力や校内暴力、登校拒否等の青少年の問題行動の原因に対する意識調査では、本人、家庭、学校、社会などの問題が複雑にからみあっているという意見も全体の約35％あるものの、全体のほぼ４割が主として家庭が原因であるとしている」（＊44）として、家族の問題は家庭に原因があると断じている。また、犯罪白書でも、少年による強盗犯罪については、「家庭は、表面的には問題がないように映るものの、実は放任する保護者が多く、家庭機能が十分に働いていない」（＊45）といった指摘がなされている。

平成17年に食育基本法が制定され、その翌年「早寝早起き朝ごはん全国協議会」が立ち上がり、和食による朝ご飯の見直しキャンペーンが活発化し始めた翌平成19年には、国民生活白書を通じて「食を通じた家族のコミュニケーションの機会の減少は、子どもの健康的な心身を育み、豊かな人格を形成する場としての家族機能が低下していることを意味している」ことが指摘されている。

これを読む限り、厚生労働省を中心とした政府は、「戦前の家制度は家庭機能がフルパワー全開のすばらしいものだったが、戦後、どんどん低下してきている」と考え、長らく危機感を持ってきたのだろう。だから、今後、これ以上の弱体化を食い止めるには、「行政方針として何を目指すべきか」を、戦後70年の白書を振り返ることで考えましょう、というスタンスなのだ。

煎《せん》じ詰めると、女性が外に出ることで家庭機能は弱体化する、女は基本的には家庭で子どもを多く産み、家事育児を担い、老人・子どもの面倒をしっかり見て、ブリントンの言う「優秀な労働力を生み出す」ことに注力せよという戦争直後の発想は、戦後70年たった今も大きく変わってきているとは思えない。

共働き家庭が片働き家庭の数を上回って20年になる。そろそろ、「子どもの学校での問題行動はお母さんへ」という先生の意識も変わっていいころだろう。弁当男子はずいぶん注目されてきているが、伝統的食生活が大事だというのであれば、まずは弁当おやじの普及から始めるという考えがあってもいいのではないだろうか。

4　共通の友人がいない、バラバラの人間関係

親は、子どもの友だちをどの程度知っているだろうか。その親御さんたちとはどれくらい関わりがあるだろうか。一方、親の人間関係を、子どもたちはどの程度知っているだろう。そんなことを考えたことはあるだろうか？

中学生や高校生になると、子どもたちは朝８時半ごろから夕方５時半ごろまで、じつに10時間近くを学校で過ごす。８時間の睡眠をのぞくと１日16時間。その半分以上を過ごしている仲間とその家族のことを、親はじつはよく知らないというのが実態ではないか。

地元の幼稚園や保育園から地元の小学校へ、そして中学校へ……ここまでは顔ぶれが大きく変わることはないからほぼ理解しているはずだ。だが、最近のように、早い子どもは小学校高学年から、放課後は地元を離れたサッカーのクラブチームに参加している、学校が終わ

ると電車で塾に通う、といった生活になると、徐々に子どもの友だちの顔はわからなくなっていく。中学から電車通学にでもなってしまったら、友だちそのものすらわからない。

世の中そんなものだ……という認識が変わった最初のきっかけは、英語を覚えさせたいと娘を外国人の多く集まる教会の教会学校に通わせたことだった。

メンバーの多くはアメリカ人だが、その他にもフィリピン人、オーストラリア人など、英語を母国語にする人たちが毎週日曜日に子どもを連れて来ていた。運営は親が主体で、ボランティアで授業をしたり、イベントを企画したりするところだった。授業は英語。聞くだけでもいいだろうと、小2から中2まで娘を通わせた。

週に1回の集まりとはいえ、毎回親が送り迎えをするので、親同士も顔を合わせる。その上、遠足といえばボランティアの同行者を募《つの》り、お泊り会といえば夕飯の買い出しから準備、さらには朝食も、早朝教会に来られる親は来て作ってくださいと言われる。とにかく親の出番は多い。日曜学校とはいっても月謝があるわけでもないから、人手が足りないと言われれば、出て行かざるを得ない。そうこうするうちに、娘のクラスの友だちのパパとママと兄弟はほとんど判別がつくようになった。

我が家では、本人の希望もあり、娘は地元の中学に進学せず、電車で学校に通うようになった。すると、娘の学校の友だちはほとんどわからない。年に数回の保護者会では、よく名前を聞く友だちのお母さん（なぜか保護者会にお父さんが来ることはほとんどない）に挨拶をし、お茶を飲みに行ったりはするものの、肝心のお友だちの顔はわからぬまま。土日に遊びに来てもらったり、遊びに行ったりすることで、一部の友人の顔はわかっても、家族の全体像はまったく見当がつかない。

週に一度しか行かない日曜学校の方は、家族の様子がわかるのに、この日本の学校の事情のわからなさはなんだろうと、初めて違和感を感じた。

高校で娘がフランスに留学し、現地の家族の様子を聞いていると、違和感はますます強くなった。南仏の田舎町では、まわりとのつきあいの単位は文字通り家族ぐるみ。「今日は、パパとママがお出かけだったから、弟とBさんの所で夕飯食べさせてもらった。Bさんってパパの上司なんだって」と言う娘。パパとママがデートだから、パパの上司のうちで晩ご飯をご馳走《ちそう》になる？　最初は何を馬鹿なことを言っているんだろう、フランス語の理解が足りないのだろうかと思っていたが、さにあらず。地元で育って地元で就職する彼らは、友人たちとは家も近く、大人になってからも頻繁に行き来をしている。さらには、娘が友だちの所に遊びに行くときには、パパやママが先方まで車で送り迎えに行くことが、家族ぐるみのつきあいに発展していく理由のようだ。

実際、私がホストファミリーに会いに行ったときも、「夕飯はB（パパの上司）がみんなにパエリアを作ってくれると言っているから、食べに行こう」と誘われ、私までパパの上司のお宅でご飯をご馳走になってしまった。たった10ヶ月の滞在の間に、娘は何人ものパパの同僚やママの同僚と顔見知りになり、また、娘の学校の友だちやその両親のことについても（そしてその家の場所も）ホストパパとママはよくご存知だった。

家族全体の面が割れていればそれでいいというものではもちろんない。けれども、いつも一緒に来ていた中学生が何週間も来なくなれば、教会学校では誰かがパパに声をかける。「なんだか一緒に来るのをいやがってね」「まぁ、そういう時期もある」「うちもひどかったわ」そんなやり取りが親同士でなされる。親も、よその子たちを見ながら我が子の来るべき姿を予想したり、自分の子ども時代を振り返ったりしながら、しんどい時期を過ごしていく。

「俺は仕事だ、後は頼むぞ」と全権委任されて孤軍奮闘するのとは、だいぶ様子が違う。そして、「俺は仕事だ」という大義名分の元に、家族とは関わりのない人間関係を築いてその周辺で生活を構築していく習慣は、日本の場合、早ければ小学校高学年から始まる。

高度に公共交通システムが発達した日本では、都市部であれば小学1年生でも、バスや電車で通学できる。来日したアメリカ人の母親たちの多くが何に驚くかというと、この交通システムだ。朝「いってらっしゃい」と送り出せば、車で迎えに行く必要もない。友だちの家に寄るといったって、電車やバスで行けばよい。親の送り迎えの必要は、都会では皆無といってよい。ご一同様大絶賛の日本の交通システムである。

たとえばだが、娘がフランスの高校に留学した際、近所にはバス路線も、またアメリカのようなスクールバスもなかった。そのため、ホストファミリーが学校への送り迎えをしてくれていた。そういう家庭は他にもいくつもあったようだ。

高校生が、親を頼らなければ登校できないなどというのは、日本ではよほどの田舎でなければ考えがたいことだが、留学先ではそれが普通だった。前の晩、親と大げんかをしても、翌朝、機嫌を直して車に乗らなければ、あるいは、機嫌を直してもらって車を出してもらえなければ、登校は実現しないのである。反抗期に捨て台詞《ぜりふ》を吐いてばたんとドアをしめて家を出ても学校に行き、帰りは適当に寄り道をして夜ご帰宅という生活が可能な日本の中高生とは、だいぶ状況が異なる。

こうした交通システムと安全な社会に支えられ、日本の子どもたちは、早い段階から、親の手を借りずに自由に外で人間関係を築いていく。そして、当然ながらそれは社会に出ても変わらない。

ところが、結婚、いや出産によって、その生活パターンの大幅な変更を強いられるメンバーが家族に出てくる。母親だ。全員が自由に外に行き、夜だけ戻ってくる生活になるとほぼ成立しなくなる、食事の準備や風呂の掃除や洗濯、家の中の清潔さの維持、などの仕事の多くは、母の肩にかかってくる。

妊娠前までは、双方フルタイムで家事の分担もほぼ半々、というカップルでも、出産→産休・育休を機に、パワーバランスが変わるケースは多い。個々の友人関係を家族全体で意識して共有していければ、孤立した育児や家事といった心理的な負担は、いくらかでも軽減されるのではないだろうか。

5　家族よりネット——SNSが増幅させる家事

2009年にP&Gが家事労働（以下：家事）と自由に使える時間（以下：自分時間）とのバランスに関する意識と実態を調べるため、日本の主婦1000人と、アメリカ、イギリス、スウェーデン、中国の主婦、各300人の計2200人にインターネット調査を実施したことがある（＊46）。

当時、日本人の家事時間が他国の倍近いということが大いに話題になったのだが、この調査で私が一番驚いたのは、家事時間の長さではなく、家事時間が短くなったら何をしたいか、という質問への答えだった。というのも、日本以外の4カ国では、割合の差こそあれ、答えは同じだったからだ。

家事を手早く片付けたら、空いた時間で何をしたいですか？　そう聞かれたら、あなたは、もしくはあなたのパートナーは、どう答えるだろう。米・英・スウェーデン・中国の答えは「家族と過ごす」だった。まぁ、そうだろう。時間ができたら、家族と買い物に行ったり、ピクニックに行ったり。最近なら、家でオンデマンドビデオ……なんていうこともありえそうだ。

ところが、日本の主婦で一番多かったのは、「インターネット」だった。この結果を見たときに頭に浮かんだのが、ベビーカーを押しながら、あるいは電車の中で赤ちゃんを膝に乗せながら、スマホをさわる若いお母さんたちの姿だった。幼稚園のお迎えのバスを待つ間も、遊びに興じる子どもたちの脇でも、スマホをのぞいているお母さんは多い。

その後、２０１２年に厚生労働省が行なったインターネット依存に関する調査（＊47）が発表された際には、若年層のインターネット依存に注目が集まるとともに、その割合としては男性が6・4％、女性が9・9％で、女性に依存症が多いことが話題になった。男性がゲームを中心にはまるのに対して、女性はSNSの内容や、それに伴う人間関係にはまるという傾向があるという。

2016年にインテルセキュリティとMMD研究所が女性を対象に行なったネット調査で、スマホをよく利用する時間帯を聞いたところ、女子高生・女子大生では夜に利用が集中するのに対し、既婚女性は朝6時から24時まで、ほぼすべての時間帯で20％以上の人が利用すると答えている。家事や仕事の合間にSNSにいそしむ姿が垣間見える結果だ。

こうした傾向について、日本人女性は他者とのつながりを求める傾向が強いためにSNSにはまるケースが多いという分析もある。一方で、既述のように、出産以降、それまでの「外で自由に自分だけの人間関係を中心に過ごす」パターンから大きくコース変更せざるを得なくなった女性たちにとって、自分の都合のよい時間にアクセスできるSNSが、貴重な情報源であることは否めない。

また、SNSでまわりの人が押してくれる「いいね！」や感想は、家事で褒められたり感謝されたりすることの少ない既婚女性にとって、励みになっているという分析もある。ペコリという主婦を中心にしたＳＮＳが２０１３年に行なったネット調査では、「これまでに、ＳＮＳ上で家事の頑張りを褒めてもらったことはありますか？」という質問に、38％と約４割の主婦が「ある」と回答した（＊48）。主婦ブロガーがもてはやされ、ＳＮＳ映えする（「いいね！」がたくさんもらえる）写真や投稿の仕方が話題になるといったところからも、注目されたい、認めてもらいたいという思いが垣間見える。

生活の励みを生み出すＳＮＳにはまっていくと、現実の家族の評価や生活よりも、バーチャルな世界での評価が重みを増す。人間関係もバラバラ、日々の活動もバラバラの家族と過ごすより、日ごろ自分を評価してくれる人たちとのやりとりに時間を使っている方が楽しい……と思えてしまうのは、家族の共有事項の少ない現代の日本にあっては、避けがたい現実なのかもしれない。

こうしたＳＮＳに投稿されるものは、どちらかといえば「ハレ」の場のシーンであって、実生活の修羅場が写真入りで投稿されるといったことはそう多くはないだろう。しかし、修論のインタビュー調査では、30代の女性たちから、実際にはＳＮＳを友人たちの日常としてとらえ、家事の情報源にしているという発言が出てきている。

・子どもの誕生日にケーキ作りましたってすごいケーキを作っていたりとか。そういうのが生活のレベルの参考になる。(30代女性)
・引っ越すと、みんな内装の感じや家具をアップするから、うわぁ、きれいだなぁと思って見ている。(30代女性)
・FBにみんながアップしている写真でみる(みんなの)生活の感じ、そういうのが(自分の)生活の水準の参考になる。置いている家具とかチェックして、こんな感じなんだと思う。(30代女性)

社会学者の濱野智史は、SNSについて、「ある特定の界隈《かいわい》の人たちがみんなツイッターを始めるようになると、それが『世間』になって、『私はツイッターはやらないけど、あの人がやっているから、やらないなりに常にのぞかないといけない』というように。それはまさに世間そのものなんです」と言っている(*49)。

よくも悪くも世間体を気にしながら生活している日本人。SNSの世界には「写真」という現実を伴った、新たな世間が創出されている。しかも、幸か不幸か、ツイッターやフェイスブック、さらにインスタグラムといった新しいSNSは、そうした「写真」こそがまさにリアルな判断基準として機能している。これが闊歩《かっぽ》し始めると、新たな「写真付き世間」に振り回されて、家事が増えたり、新たなプレッシャーになってきているようだ。

・お弁当は結構苦行。毎朝忙しいし、ともかく必死で詰める。フェイスブックに写真あげる友達もいっぱいいるけど、私が写真あげるなんて絶対ない。（40代女性）

・夕飯の写真を友達がアップしていたりするのを見ると、すごい豪華だな、とか。（30代女性）

日本で子どもにお弁当を作って幼稚園に送り出していたという経験を持つ、くだんのデューク大学の社会学者アン・アリソンは、「日本では栄養も大事だけれど、食事は見た目がとても大事だ」と驚いている。きれいに詰められたお弁当、そのための作りおきおかず集、そしておしゃれな食卓……。食一つをとっても、SNSという新たな世間が、家事の苦手な人のハードルをあげていくのがよくわかる。

褒められたり、自信をなくしたりのアップダウンを繰り返しながらも、家族と過ごすより、SNSを通して世間にどっぷり浸《つか》っていく現実は、果たして幸せな家庭生活なのだろうか。

（4）キャリアを阻み、少子化を加速する完璧家事
――2人目を産まない女性たち

1　タイミングがつかめないから子どもが産めない

少子高齢化が叫ばれて久しい。「産めよ増やせよ」というのは、1941年に政府が閣議決定したスローガンだ。人口の減少は、国力の衰退に関わるということで、策定されたものだろう。命令口調のスローガンからは、「女は産む機械だ」という認識が透けて見えるようだが、この認識は2001年の石原都知事（当時）の「女性が生殖能力を失っても生きているってのは無駄で罪だ」発言、2007年1月、柳沢伯夫厚生労働大臣（当時）の「15歳から50歳の女性の数は決まっている。産む機械、装置の数は決まっている」といった発言からすると、今も、少なくとも大臣含む男性政治家の頭の中には、しっかりと刷り込まれている

発想に違いない。いや、残念ながら、国の実務を司《つかさど》る文部科学省などの役人も、基本的には同じ発想で国のポリシーを決めていると思われる。

２０１５年に文部科学省が、高校の保健の副教材に「女性の卵子は劣化するため、22歳がもっとも妊娠しやすい」として、改ざんしたデータを記載したことが、東北大学大学院の田中重人准教授らによって指摘された（＊50）。「若いうちに子どもを産んでほしい」と言いたい心がデータを改ざんさせてしまったのかもしれないと苦笑してしまうほどに、確かに20代の出産率は下がっている。

人口減少に歯止めのかからない日本にあって、人口が増え続けている東京でさえ、20代の出生数は減り続けている。現在の副教材には「卵子は加齢とともに数が減少するなどの理由により、おおむね30代後半以降となると妊娠しにくくなるといわれています。不妊に対する治療を受けても、女性の年齢が高いほど出産に至る可能性は低くなることが指摘されています」「お母さんの年齢別に周産期（妊娠満22週以降から、出生後1週間未満の時期）の胎児・新生児の死亡率を見ると、20歳未満や30代後半以降で高くなっています」（＊51）などと書かれており、国の方針として若い世代にこうした事実を刷り込み、20代などの早い時期に産ませたいという意向が伝わってくる（この副読本は、現在も健在だ）。

こうした国の意向とは裏腹に、東京都の場合、30代、及び40代の出生数は増加している。30代の出生数は、平成24年から3年連続で増加、40～44歳の出生数は、平成9年から18年連続で増加しているのだ。この傾向は、左に示すグラフ（**資料7**）で見ても明らかなように、全国的な傾向である。1980年以降、30代以降の出産は増え続けている。

出産の高齢化が何を意味するのか。要因はいくつもあるだろうが、23区の地区別可処分所得額と高齢出産者の割合を見ると、その答えの一つが見えてくる（**資料8**）。高齢出産と年収のあきらかなリンクだ。

資料にある高齢出産率は、東京都福祉保健局が公表している人口動態統計（平成27年版）の出生統計データから、区ごとに35歳以上の出産者を合計し割り出したものだが、高齢出産率が40％を超える区は、年収が550万超の区が圧倒的に多い。驚くべきは、この年収が世帯年収ではなく、個人に対する課税対象年収所得（総務省統計局「統計でみる市区町村のすがた2017」より算出）だということだ。こうした地域のほとんどが、いわゆる山手線内の高級住宅地といわれる地区に集中していることも注目に値する。

一方で、高齢出産が35％を切る地域は、いわゆる下町と呼ばれる、東京東部に集中している。この地域では、個人年収の平均は360万を切る。

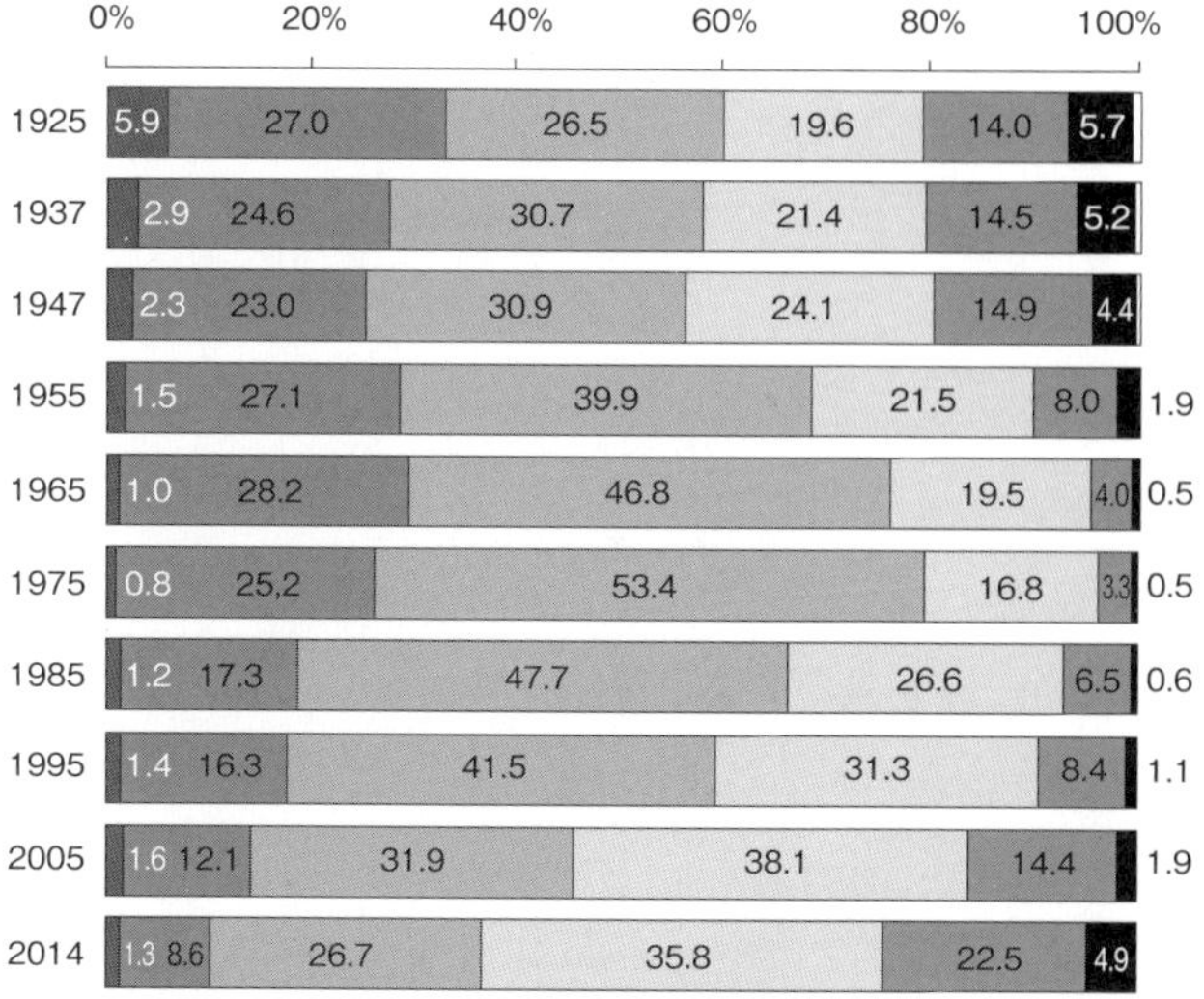

資料7　「母親の年齢別に見た出生数の割合の推移」

(出典:社会実情データ図録　http://www2.ttcn.ne.jp/honkawa/　厚生労働省「人口動態統計」および国立社会保障・人口問題研究所「人口統計資料集」より作成)

注)15歳未満、45〜49歳、50歳以上の構成比の表示は省略(2014年は、それぞれ、0.0%、0.1%、0.0%)。

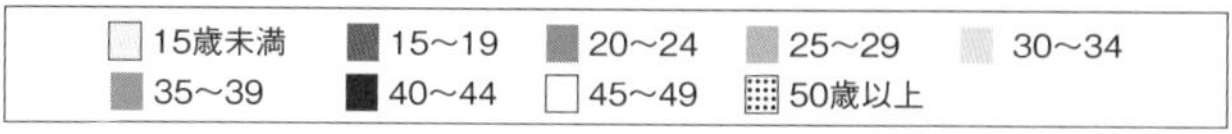

出生率全体で見ると、２０１６年度に23区のトップを飾ったのは港区の１・44人、これに中央区の１・43人が続く。３位には江東区と江戸川区が１・42人で入った（＊52）。地域特性を考え合わせてみると、同じ１・４人台といっても、その将来の家族展望は異なるように見える。江戸川区での１・42人は、これからもう少し増える可能性を含む１・42人である。一方の港区の１・44人は、おそらく、これ以上は生まれないことを前提に出産された子どもだといってよいのではないだろうか。

初産年齢が高齢化していることは、江戸川区のような下町的指向のニューファミリータイプから、港区に住むような核家族タイプが増えてきたことを示唆しているとはいえないか。世帯年収が１０００万をはるかに超える生活を維持した状況での出産は、ある程度キャリアとの折り合いがついた段階での、言ってみれば満を持した出産だともいえるが、見方を変えると、キャリアを積んでから出産というアクションにつなげるには、就職後、それなりの年月が必要だという現状を示しているともとれる。

既婚で子どものいない女性、そして、働く一人っ子ママと、子どもや出産の話をすると、よく出てくる言葉に、「踏ん切りがつかない」がある。キャリアとの折り合いを考えると、今が産み時かどうか迷う、という話になるのだ。つまり、出産後、仕事に復帰できるかどう

	課税対象所得（単位千円）	母出産年齢が35歳以上の割合
東京都 千代田区	8,484	43.2%
東京都 中央区	5,950	43.4%
東京都 港区	10,232	43.1%
東京都 新宿区	5,006	41.2%
東京都 文京区	5,769	42.9%
東京都 台東区	4,041	36.5%
東京都 墨田区	3,642	33.3%
東京都 江東区	4,081	38.5%
東京都 品川区	4,466	39.5%
東京都 目黒区	5,869	42.8%
東京都 大田区	4,114	36.6%
東京都 世田谷区	5,336	43.3%
東京都 渋谷区	7,364	43.8%
東京都 中野区	4,050	35.9%
東京都 杉並区	4,486	39.8%
東京都 豊島区	4,248	36.8%
東京都 北区	3,558	33.8%
東京都 荒川区	3,552	37.3%
東京都 板橋区	3,552	32.9%
東京都 練馬区	4,083	35.3%
東京都 足立区	3,347	30.5%
東京都 葛飾区	3,385	34.0%
東京都 江戸川区	3,528	30.9%

資料8　東京23区の地区別にみた可処分所得額と高齢出産率

（出典：東京都福祉保健局「人口動態統計」平成27年版の出生統計データを元に著者作成）

か、今までと同じペースで働けるかどうか、結果的に生活水準を落とすことになるのではないか……つきつめていくと、「順調に回っている仕事と生活のバランスを『今』変えることへの迷い」である。

先の大臣の「女は産む機械」という発言は、「女の基本的な存在意義は出産にある」という発想を端的に言い表した言葉だろう。女は基本的に、産み育てることが仕事で、キャリアを通しての自己実現だの社会への貢献なんていうものは求められていない。そういうことは男の仕事だ、という男女分業の発想が根底にある。当然、産んで育て、それに付随する子どもの食事、身のまわりの清潔の維持は、女性の手に落ちてくる。

国が行なう出生動向基本調査（結婚と出産に関する全国調査）（＊53）の「希望するライフコース」についての選択肢が女性にだけあるというのは、男性のライフコースは変更する必要がなく、女性が変更するものだという国の思い込みが現れた一つの例ではないだろうか。ライフコースには次のような説明がある。

ライフコースの説明：

専業主婦コース　＝結婚し子どもを持ち、結婚あるいは出産の機会に退職し、その後は仕

再就職コース　＝結婚し子どもを持つが、結婚あるいは出産の機会にいったん退職し、子育て後に再び仕事を持つ
両立コース　＝結婚し子どもを持つが、仕事も一生続ける
DINKSコース＝結婚するが子どもは持たず、仕事を一生続ける
非婚就業コース　＝結婚せず、仕事を一生続ける

そして、あなたはどれがいいですか、と女性に聞くだけでなく、男性には、本人がどのコースを選びたいかではなく、「妻となる人にはどのコースを望むか」を尋ねているのだ。

男女同権であるならば、そもそも、この設問の設定自体がおかしいだろう。国の大前提が、子育ては基本的に妻が……などという設問を5年に1回やっているのだ。男女共同参画社会基本法が1999年に成立してから約20年。こんな時代錯誤の設問が未だにまかり通り、出産に伴うライフコースの変化は、基本的に女性が受け止めるものという前提で物事が動く中で、おいそれとライフコースの変更には乗れないと考える女性が増えてきているのは当然ではなかろうか。

読売新聞による女性向け掲示板「発言小町」に、出産かキャリアか迷うという書き込みがあった（＊54）。大きなプロジェクトに参画することになったが、数年かかるプロジェクトが終わってからでも妊娠できるだろうか、という不安。一方で、今妊娠したら、一番忙しい時期に産休になり、まわりに迷惑をかける（自分だったら、迷惑だと感じるだろう）と思うと、思い切れない。でも、年齢が上がって、結果的に妊娠できなかったら、一生後悔するかもしれない……。プロジェクトや転職と、産休とのタイミングをにらみつつ、キャリアの継続を模索する女性の悩みは大きい。

日経新聞の電子版では、双子を出産した後、キャリアを中断したケースが紹介されている（＊55）。「実の母は病気がち。夫は残業や出張の多い仕事であり、家事や育児を分担してもらえる状況にない。体が強いとはいえない小林さんにとって、自身の体力も心配だった」とある。

ライフコースを選択するタイミングが今なのか、今出産して家庭と仕事のバランスを崩さずにいけるか……。夫も全面的に家事と育児を分担してくれることが大前提なら話は別だ。しかし、おそらく自分が家事と育児の多くを背負うことになり、キャリアの修正の可能性が出てくるとなると、「踏ん切りがつかない」のは人情だ。

2　平等な家事分担は出産まで？

ここ数年、江東区の男女共同参画センター主宰のパルカレッジの講師をさせていただいている。誰もが固定的な考え方の枠にとらわれず自分らしさを大切にした多様な生き方ができる社会の実現を目指すということを目的に、20〜40代の女性が数ヶ月にわたって様々なテーマの講義を受講し、討論をするというものだ。育休中のお母さんの参加も毎年数名ある。私の担当テーマは家事分業についてなのだが、彼女たちが育休中にほとんど自分で担うことになった家事を、育休後にどうパートナーに対等に担ってもらうかは、彼女たちの一大関心事なのだ。

２０１６年に、育休明け後の妻と夫の仕事の分担図（＊56）が、話題になった。書いたのは、２人のお子さんを抱えるフルタイムワーカーの犬山柴子さんだ。犬山さんとそのパートナーは、育休に入るまでは仕事の話も対等にするし、家事もほぼ対等に分担する夫婦だったという。ところが、妻が育休を取っている間に、この分担が大きく崩れる。妻が家にいる時間が長い育休中、妻の家事分担量が育休前に比べて増える家庭は珍しくない。妻が家にいる時間が長いのだから、ある意味で当然といえば当然だ。妻は、これは育休中だけだから……と割り切って家事を担当している。

しかし夫の方は、妻にやってもらう楽ちん生活に慣れてしまう。そしていざ育休が明け、仕事復帰の段になると、妻の期待値と夫の現状認識にとても大きな乖離ができてしまう。

犬山さんは自身の記事の中でこう書いている。

「もう少し分担してくれないと仕事と育児と家事って無理なんだけど」と旦那に怒ったのです。ところが「俺、けっこう分担できてると思うんだけど」と言うではありませんか！

そこで、現状を把握してもらうために、彼女が書いて夫に提示したのが、現実の仕事の分担の図だった（**資料9**）。パートナーは素直で前向きな方だったのだろう。このチャートを置いておいたところ、「翌朝、テーブルの上に置かれたこの表を見た旦那。ぐうの音も出なかったようです（のちのち聞いたところ、「やっていると思っていたけれど、図にされたらその通りで悔しかった」とのこと）」ということだが、その後、夫の側は、全体のタスクの

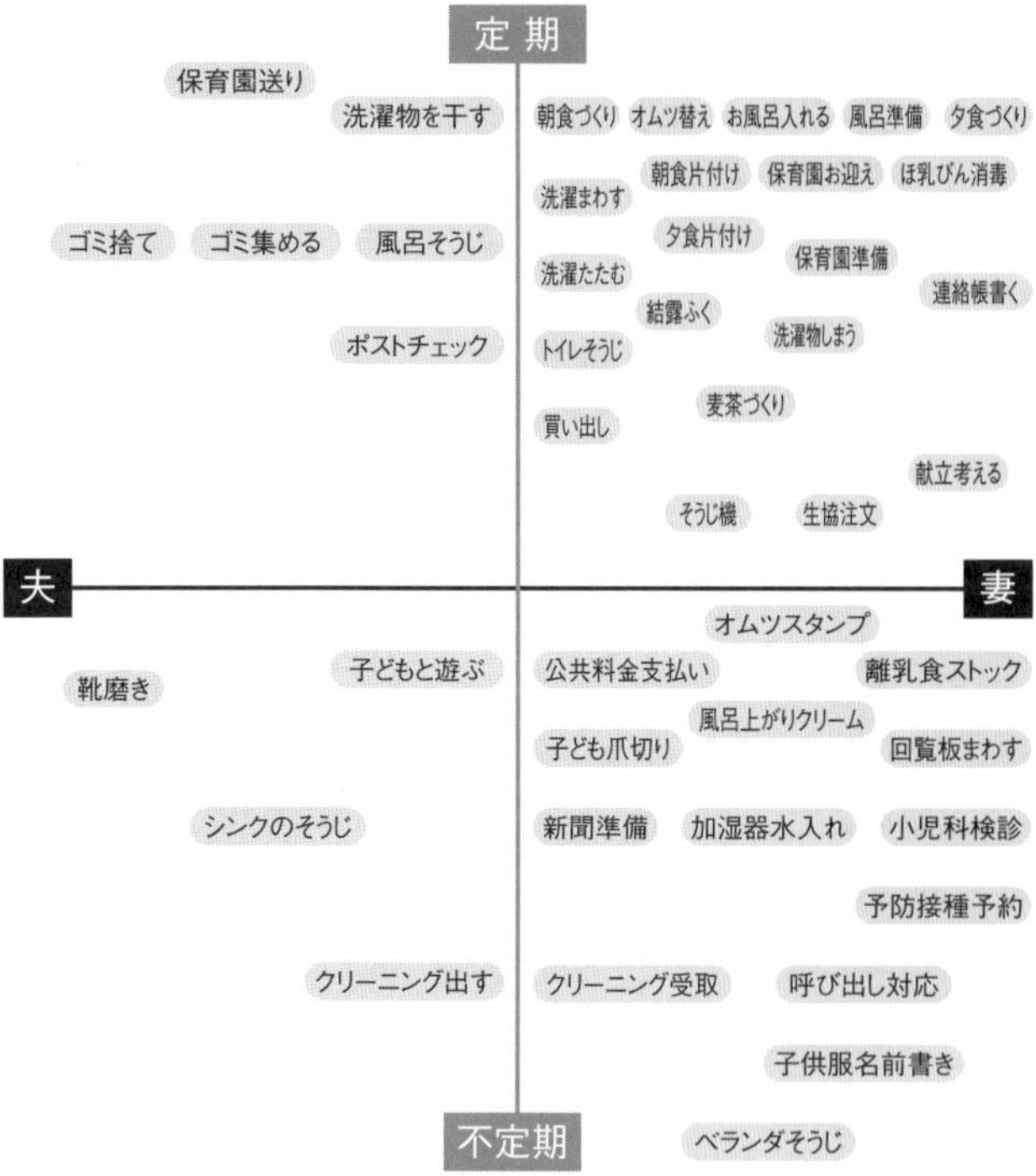

資料9　犬山柴子さんによる家事育児タスクの分布図

（出典：ママスタセレクト、犬山柴子）

量が見渡せたことで、今何をしなければならないかを俯瞰《ふかん》して考え、家事に取り組むようになったという。

話し合いとチャートでここまでの理解を得る犬山さんのパートナーは素晴らしい。が、実際には、家事と育児を回していくことの負担を体感ベースで理解するのは、そう簡単なことではなさそうだ。

4ヶ月の育休を取ったという男性の手記が、さいたま市のウェブページに掲載されている(*57)。

主夫の家事は結構やることがあります。24時間どっぷり家庭に入ってみて、主婦を疑似体験することができたのは大きな収穫でした。

もともと共働きだったので、出来る方が出来るときにそれなりに家事を分担してやってきた、つもりでした。しかし実際にドップリ家事をしてみると、今まで自分のやってきた家事は、たまに皿洗いしたり週末に料理してみたりする程度の、あくまで断片的な妻のお手伝いだったなと。

ちなみに、この男性は、

「育休です」と答えると「きゃーすごーい」とか「パパの育休かっこいいー」とか「うちじゃありえない」とか、大体こんな反応が返ってきました。他のママ達に褒められる快感が無かったわけではありません。しかし、言われ続けるとだんだん慣れてきて、むしろママ達が当たり前にやっている家事や育児をパパがちょっと休んでやっただけでこんなに褒められる社会って、と疑問になりました。

という。

在宅で仕事をしているため、育休明けのお子さんの面倒をほぼ見ているという男性のMさんも、「実際に自分が家事に大きく関わるようになって、家事や育児への認識が変わった。家事は大変だし、育児と一緒にやるとなったらものすごく大変だから、仕事と一緒にやっているとすごく大変だと思う。家事を仕事と考えると丸一日かかる仕事だと思う」と言う。

同じく９ヶ月の育児休暇をお子さんのために取得したというＴさんも、「特に最初の３ヶ月は心身ともに非常にしんどかったです。半年くらいからやや余裕が出てきた印象でした」

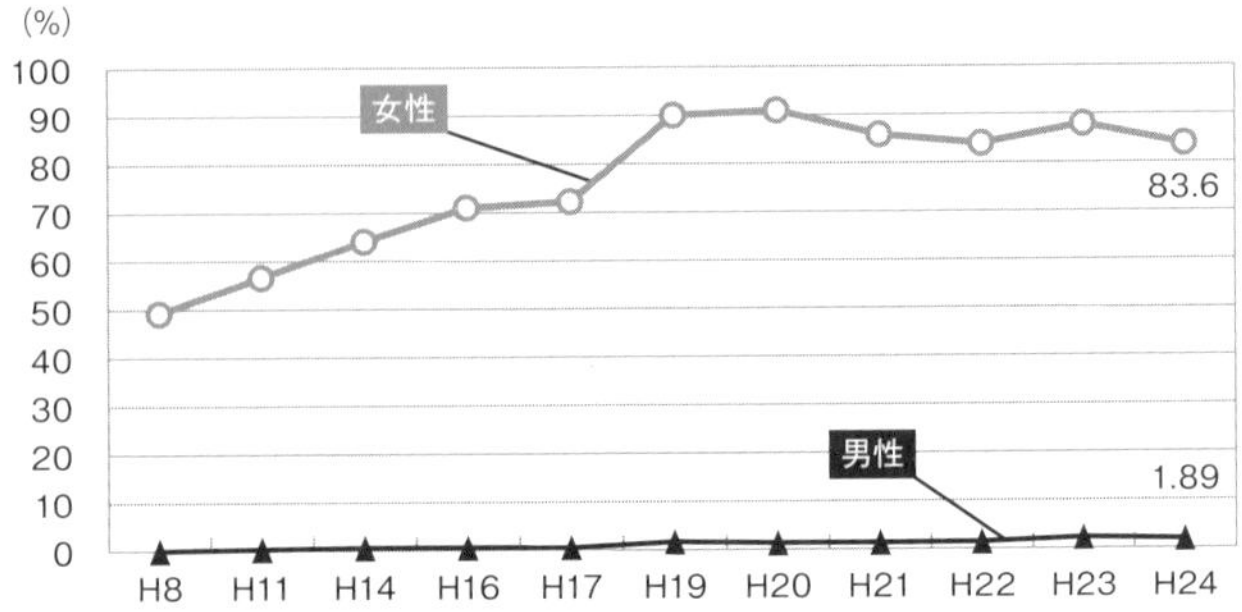

資料10　「育児休業取得率の男女別推移」
（出典：厚生労働省「雇用均等基本調査」）

という経験を通し、「子供の成長を間近で見られたし、育児スキル高まったし取ってよかったです」という感想だった。

こうして見ていくと、ある程度の期間、休みをまとめて取って、子どもと接し、家事を実質的に分担する経験は、その負担感を認識する上で、非常に重要だということがわかる。それだけでなく、その後の夫婦のあり方に大きく左右するのではなかろうか。

厚生労働省のデータを見ると、育児休暇の取得者は8割がたが女性。男性は2％にとどまっている（**資料10**）。育休を取らなかった男性に意見を聞くと「取ることが可能な環境、状況があれば取りたかった」「取れるなら1週間でも取りたかった」という声もある。

ちなみに、世界経済フォーラムの男女格差を測るジェンダーギャップ指数ランキング2016で「格差のない国」第2位に輝くフィンランドでは、父親休業が54日与えられるという。3週間までは、妻の休業中に一緒に取ることができる。その他に、親休業というものがある（＊58）。

２０１５年まで駐日フィンランド大使館の報道文化担当参事官だったミッコ・コイヴマーさんのフィンランドのイクメン事情を書いた本（＊59）によると、「１９８０年代後半には、フィンランドのある有名企業のＣＥＯ（最高経営責任者）が『育児休暇をとる男性従業員は、職場に復帰すべきではない（すなわち、解雇されるべき）』と発言しました」とある。しかしその後、休暇取得中の給与保障が制度化されたことにより、育児休暇の取得者が増え、現在は８割の男性が取得するようになり、社会の認識が変わってきたという（＊60）。

ちなみに、男性の育児休業と家事分担が必要なのは、共働き家庭に限らない。「専業主婦だから育児は自分が全部やらねばならない」と自分を追い込んで鬱《うつ》になってしまうケースもあるし、専業・兼業関係なく、たとえば帝王切開の場合には、妻の回復を待つ間だけでも男性の家事の分担は避けられない。

子どもの成長過程でも、妻が常に丈夫で元気だとは限らないのだから、リスクヘッジという意味でも、夫の側も家事と育児の回し方がわかっている必要はあるだろう。なんといったって、共同生活なのだから。

育児休業を取得して、子どもの世話や家事を対等に担う経験を通して、男親は大きく成長するだろう。その際に重要なのは、日本人の育休取得者の方々の言葉にあるように、自分が責任者となって全工程を担当することだ。

一方で、妻の側も、自分のやり方通りにやってもらうのではなく、対等なパートナーとしてやり方を尊重しながら仕事を分担してもらう覚悟は必要だろう。

育児休業をきっかけに、家事の分担が崩れ、離婚に至るという話も耳にするが、逆にここでお互いが意識を改め、家事をしっかり見直していくことが重要なのではなかろうか。

3　ゆっくり産んで、じっくり育てる——富裕を維持した子育て例

日本産科婦人科学会の定義によると、35歳以上の初出産を高齢初産という。2000年以降は、すべての妊娠の1割以上を高齢妊娠が占めるなど、高齢妊娠は増加の傾向をたどっている（**資料11**）。40代の妊娠については、

・妊娠しにくくなる
・流産率が上昇する

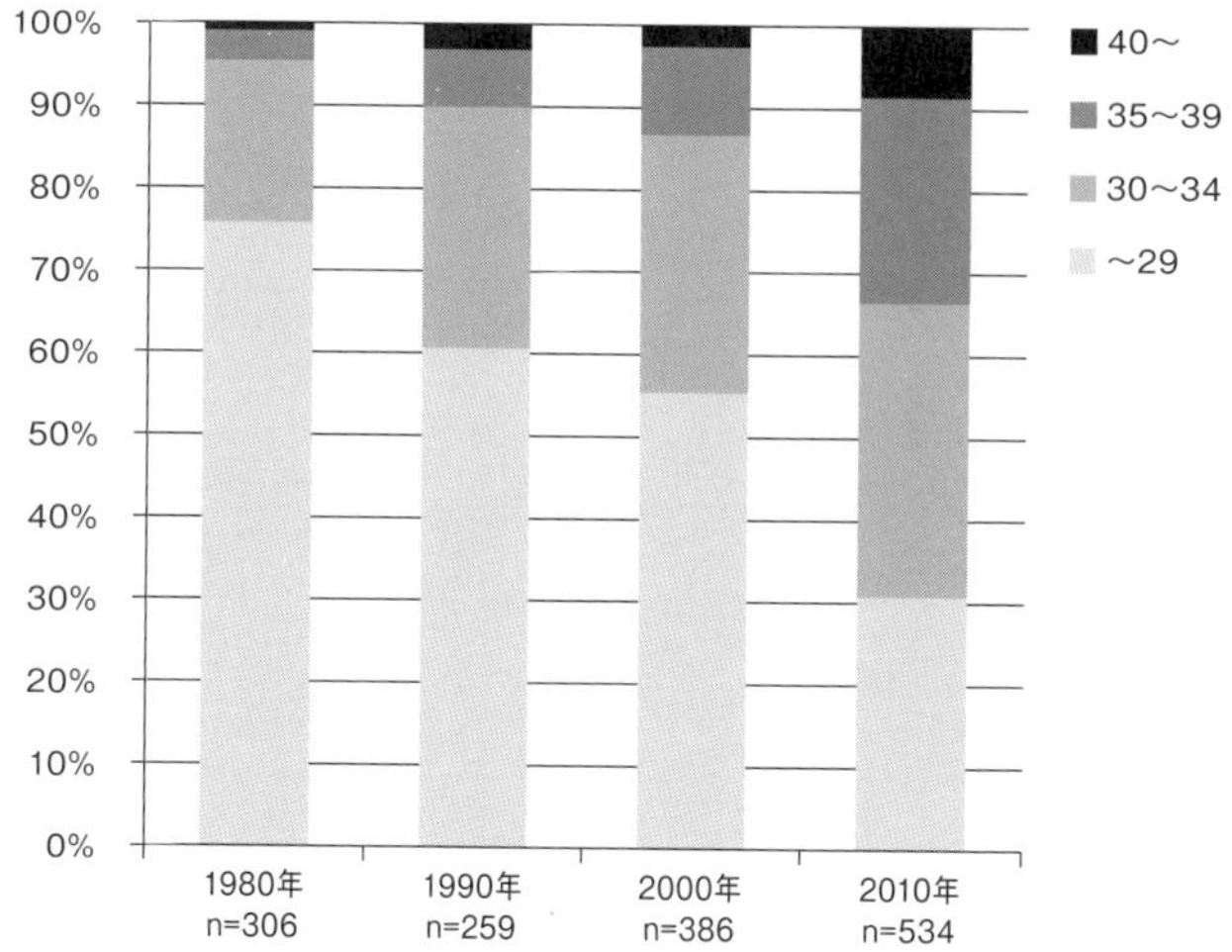

資料11　「初産の母親の年齢構成の推移
（横浜市立大学附属市民総合医療センター 総合周産期母子医療センター内での数字）」
（出典：「分娩時年齢の高年齢化 現状と問題点」日本産婦人科医会、奥田美加氏作成）

・様々な産科異常の率が上昇する

といった観点から公益社団法人日本産婦人科医会の奥田美加幹事の見方は厳しい（＊61）。

一方で、高齢出産に関する本を書いたエリザベス・グレゴリーの調査結果をもとに、「キャリアを積んできた女性たちは、若いころに比べると、地位的にも育児休業などをとりやすいポジションにいて、スケジュール運用の柔軟性も高く、結果的に、子どもと過ごす時間を長くとりやすい状況にある」と指摘するのは、ＣＮＮだ（＊62）。

また、イギリスの英国王立小児科小児保健学会の調査によると、高齢出産は、従来議論されている肉体的なリスクは否定できないものの、高齢出産の母親は、ペアレンティングのスキルに長《た》け、カッとなりにくく、穏やかであるなど、豊かな人生経験が子育てにプラスに働くことが多いと、英『デイリーメール』紙は伝えている（＊63）。

日本でも、高齢出産の人の割合は確実に増えている。家事の分業も、夫の育休取得も遅々として進まない日本の現状で、出産後も仕事を継続していくためには、キャリアをある程度積んでからの出産は、自衛手段として必要な選択だともいえる。実際、CNNや『デイリーメール』の指摘にあるように、高齢出産の親の方が、経済的にも精神的にもゆとりがあるのは、日本でも例外ではない。また、自らの体力的限界に自覚的である彼女たちは、若い母親層に比べると、育児や家事を一人で抱えずに、柔軟にまわりのサポートを取り入れているように見える。

40歳で出産したSさんは、出産ギリギリまでテレビの制作現場にいたキャリアウーマン。数年の不妊治療の後に授かったお子さんを、「自分も子どもも大事にしながら育てたい」と言う。「自分も子どもも大切にする出産と育児」で実践していることは何ですか、と聞くと「まずは無痛分娩」という返事が返ってきた。

高齢出産であることを考えると、なるべく体力を温存して、いい体調で産み、産後の肥立《ひだ》ちもなるべく順調にしたいと考えたSさんは、早い段階で無痛分娩を決意。都内の産院を調べ上げ、納得のいく病院で出産した。「体力的に無理のきかない年齢になりつつあるという自覚もあるし、子どもも自分も大切にするという意味で、とにかく無理をしない。自分にもやさしくって思うわけです」と笑う。

コミュニケーションをスムーズにし、赤ちゃんの意志を的確に理解することも、余計なストレスを抱えないためには大事だと考え、出産後まもなくから、赤ちゃんのボディーランゲージと呼ばれるベビーサインのスクールにも、赤ちゃんと一緒に通った。

「ベビーサインが理解できると、かなりの部分で的確に赤ちゃんの意志が理解できるんです。わけもわからず泣かれるといったことはあまりなかったので、お互いによかったのではないかと思っているんですよ」と言う。フリーランスであることを生かし、しばらくは子どもと一緒にいることを楽しむ予定だという。

40歳になるまで共働きを続けてくると、ある程度の貯金もできてくる。夫の給与も新卒当初とはだいぶ違う。経済的にゆとりがあるので、必要なサービスやまわりのサポートを手に入れつつの子育てだ。偶然再度妊娠することがなければ、もう一人出産することは考えにくい。だからこそ、最初で最後の子育てを存分に楽しみたいという彼女の気持ちが、話の端々から伝わってくる。

医師のMさんは研修医を終えてから結婚、やはり40歳をすぎて出産し、育児休暇後、夫の開業した医院に職場復帰した。実家が近くはなかったので、当初から実家はあてにできなかった。そこで、復帰当初からベビーシッター兼お手伝いさんを頼み、シッターさんと二人三脚で子育てをしてきた。「送り迎えなどのお母さん業務は私が。でも、家事や帰宅後の子どもの世話はシッターさんにお願いしてきました」と言う。自分が母親としての経験を楽しむという意味でも、ママ友を作るという意味でも、外での母親業はできる限り自分でやった。一方で、シッターさんが家にいるという状態を確保することで、「小学校のときは、下校後お友だちが来るといった事態にも対応できたし、子どもの学校での様子もわかって楽しかった」と言う。

体力的に無理はできないことで、かえって、自然にまわりのサポートを受け入れる心構えができるのかもしれない。「40代高齢出産ママがつながるコミュニティ！」の運営に携わる大森さんは、ブログの中で、必要なサービスをうまく取り入れることの重要性を訴える（＊64）。「『自分がガマンすればいい』なんて自己犠牲は、どうかおやめになってくださいね。あなたがつぶれてしまってはいけません」

その通りだ。いや、それどころか、それはアラフォー、高齢出産ママに限った話ではない。つぶれてしまっては元も子もないのは、年齢がいくつであっても変わらない。

4　復帰後の残業がネック

最初の子どもを妊娠した30年近く前、私は外資系の証券会社の調査部にいた。当時、海外の調査担当者には女性が多く、ワーキングマザーも珍しくはなかった。企業訪問を目的に欧米から出張してくる彼女たちの中には、産休が明けたばかりという人もいた。

その一人、ロンドンからやって来たローラに、「産休明けで、日本まで出張している間、赤ちゃんはどうしているんですか?」と聞いたことがある。すると、彼女からはあっさり、「乳母（ナニー）に預けてきたわ」という答えが返ってきた。

夫は単身赴任で東京、本人は子育てしながらニューヨーク在住、後に『Ｆｏｒｂｅｓ』誌の表紙にもなったリズも、シッターさんと二人三脚で育児を乗り切っていた。当時の私は、日本では聞いたことのない話に口がぽっかりあいてしまったのだが、同時に、キャリアと家庭を両立していくためには、必要なときはお金を払ってでも、外部の力を導入する必要があるのだと教えてくれたのは、彼女たち、海外の働く母だった。

出張などが本当に難しい子育て期間はそれほど長くはないから、短期的に赤字になっても、必要な人を雇って自分のキャリアを維持するという考え方もある、というのが彼女たちの意見だった。そのキャリアを維持していけば、長期的には黒字になるのだから、当面の支出にひるまずにキャリアを確保するべきだ、短期的にものを見てはいけない……と、彼女たちから教わった。

同時にまた、親（＝ジジババ）には親の人生や予定があるから、こちらのことに巻き込んではかりはいられないわよ、と教えてくれたのも、やはり彼女たちの働き方だった。

フィンランドのように残業の少ない雇用形態が確立されている場合は別だが、残業が前提の企業が多く、ナニーが一般化していない現在の日本では、保育施設一つでは対応しきれない場合も多い。こうしたお迎えの時間の問題や、病児保育といった問題は、共働き家庭では避けて通れない。もちろん、そうした事態に柔軟に対応できる企業に勤めていれば幸いだが、残念ながら、そういうケースばかりではない。

２０１５年に、りそな銀行が、残業しない職制を「スマート社員」という名前で導入したことが話題になった（＊65）。ただし、残業なし社員は、ボーナスが３割減だという、ちょっと残念な条件つきだった。毎日シッターさんにお願いする費用や、自分の疲労度を考えると、賞与が下がっても早く帰れるなら悪くないかと思ったり、いや、本来残業が前提のボーナスってどうなんだろうと思ったりしたが、大手企業を中心に時短に積極的に取り組んで、男性も女性もジジババのお迎えに頼らずに子育てのできる環境ができないものだろうか。

残業社会を生き抜くために、２つの保育施設をはしごする二重保育が、対応としてかなり広がってきている。また、流山市など、一部の市町村では、「送迎保育ステーション」という、指定保育所までバス送迎をしてくれる早朝、夕方用の施設なども出てきてはいる。が、一方で、本当に残業の多い職場の場合、それだけではとても回らない。シッターさん導入よりは、ジジババに頼るパターンは多い。

大阪市内を中心とした保育所・幼稚園・子育て・生活情報サイト「よどきかく」は、「多くの園児は意外と早い時間に降園してい」ることに言及（＊66）。「多くの園児は16～17時頃に降園していました」と指摘している。その「最大の理由は『祖父母のお迎え』だという。「両親はお迎えの時間に間に合う様に帰宅できず、お迎えやその後の世話を同居や近居の祖父母が行っているパターンです。子育てにあたって最も頼りになるのは近所の祖父母としばしば言われます。両親がフルタイムで働いてしっかり稼ぐ一方、祖父母が子供の面倒を見るのは理想的な形かもしれません」とまとめている。

三菱UFJリサーチ&コンサルティングが発表した「2014年度子育て支援策等に関する調査結果」（＊67）によると、保育園等への送り迎えのどちらも夫婦がしていないケースが女性回答者で17・7％、男性回答者で18・8％だった。お迎えは夫婦とも行っていないという選択肢がないのは、調査設計上の不備かと思われるが、少なくとも2割弱は、送り迎えをほぼジジババに依存しているのであろうことは推測できる。よどきかくの「多くの園児」が早い時間に降園しているという観察は、あながち大げさではないのかもしれない。

同じ調査では、父親・母親それぞれに、配偶者やパートナーが育児をどの程度担っているかを項目別に聞いている。保育園・幼稚園等のお迎えについては、父親の21・1％が自分が担っていると答えているのに対し、「パートナーがやっている」と答えた母親は11・4％にとどまっている。

残業しなければボーナスカット、逆にいうと、ボーナスをもらうためには残業が大前提という日本の企業にあって、保育園に間に合う時間に帰るお迎えを担うかどうかは、その後の昇進や業務評価に影響はないのだろうか。まして、その前段で、彼女たちは9ヶ月から1年半ほどの育休を取っている。学校ならば1年休めば留年だ。それを二度三度と取ることは、残業が大前提の日本の企業文化にあって、プラスに働くことがあるのだろうか。

２０１５年には、「子どもをお迎えに行く父親は本当に出世できないのか」という素朴な疑問を毎日新聞が取り上げた（＊68）。保育園の開園時間が、「日本の企業の求める働き方と相容《あいい》れない」と指摘するのは、明治大学商学部の藤田結子准教授。りそな銀行のケースと藤田先生の指摘を合わせて考えると、残業できることは一人前の社員として扱ってもらうための基本的条件のようなものかもしれない。それを、お迎えのために妻か夫のどちらかがあきらめるとなると、妻があきらめることになる……ということになるのだろう。

育休も、男性の取得率は２％前後、お迎えも、基本的に妻（か、ジジババ）となると、女性は出産をした段階で、フルタイムではあっても、半人前扱いに降格される覚悟が必要だということにはなるまいか。

ちなみに、三菱ＵＦＪリサーチ＆コンサルティングの調査のデータをもとに計算すると、週あたりの正社員男性の労働時間は40〜49時間が最も多く、全体の43・5％を占める。週あたりの労働時間が49時間の場合、月曜から金曜まで週５日、朝９時から夜８時まで仕事をしていることになる。次いで多いのが、50〜60時間という人たちだが、こうなると、夜９〜10時くらいまで働いていることになる。その上、全体の12％は、ほぼ毎日、朝９時から働き始

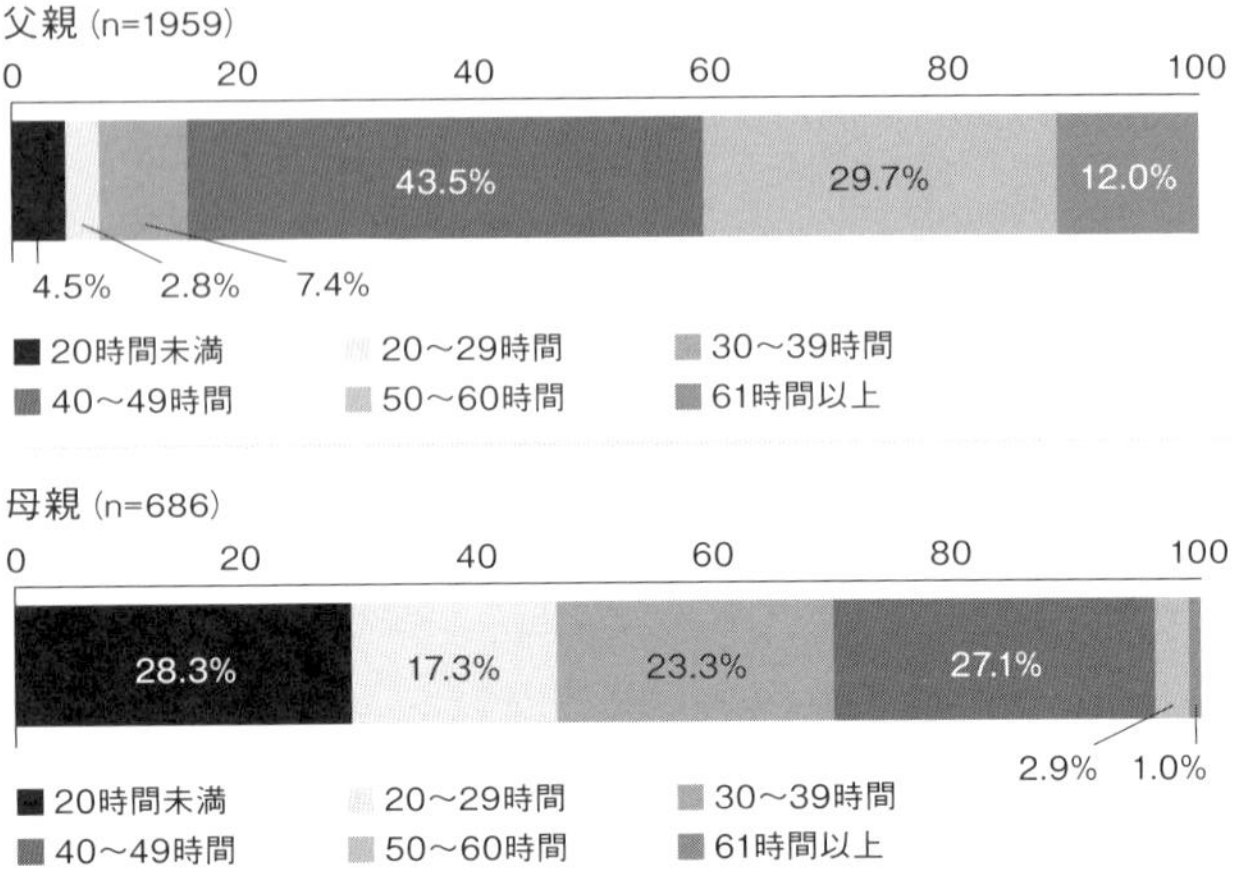

資料12　「未就学児を持つ父母の週当たりの平均労働時間」
（出典：三菱ＵＦＪリサーチ＆コンサルティング「2014年度子育て支援策等に関する調査結果」）

めたとすると、夜10時過ぎまで就労している（**資料12**）。夜9時以降まで働いている人が4割以上もいるのが日本の企業社会。残業が大前提であるのは、この長時間勤務からもよくわかる。

　これを具体的な「お迎え」という場面に落とし込んで見てみると、会社から保育園までの通勤時間が45分だとして、夜7時までにお迎えに行くとなると、夕方6時に会社を出てダッシュすれば間に合う人は14・7％しかいない。それ以外はお迎え要員としては戦力外。そういうパートナーを相手に何人も子どもを産み、育てるには、ワンオペ育児、つまり、「一人で仕事・家事・育児の全てをこなさなければならない」

（＊69）という覚悟が必要だ。

ちなみに、こうした状況で、父親たちが自分の子育てへの関与をどう感じているかについてもこの調査では聞いているのだが、「十分である」と「ある程度十分である」を合わせると、63・2％が「十分だ」と答えている（**資料13**）。しかし果たして、本当にそうなのだろうか？

２０１４年に紙おむつブランド「パンパース」の「ママも１歳、おめでとう」（＊70）というＣＭが話題になった。１歳児健診に赤ちゃんを連れて行くママ。健診中に、パパが健診室の外の壁にこの１年の写真をたくさん飾る。そこにパパの一言メッセージをはりつけて。健診を終えたママは廊下に並んだ写真に驚き、１年を振り返り、涙する。

ここで、

「赤ちゃんの１歳。それはママの１歳でもある。」

「この日、言葉にしていなかった想いを。パパからママへ。」

という字幕が入る。感涙、感動、なんてすてきなＣＭと大いに話題になったわけだが、赤ちゃんの１歳、それはパパとママの１歳ではないのかと、画面を見ながら暗澹《あんたん》たる気持ちになった。ママだけが親として育ってしまうのかと思うと、納得がいかない。エンディングは

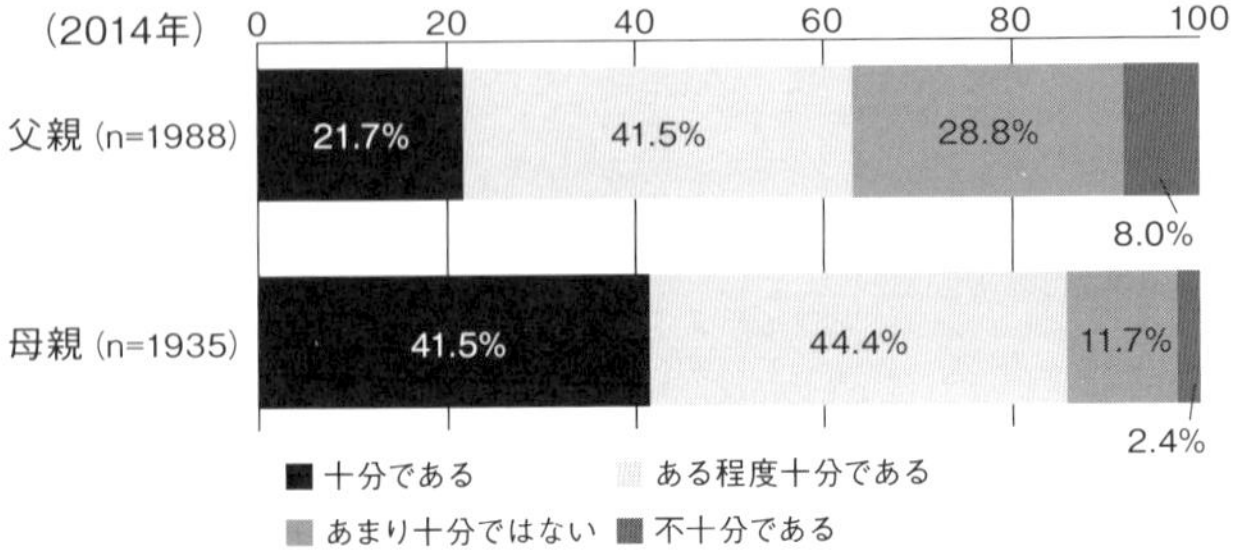

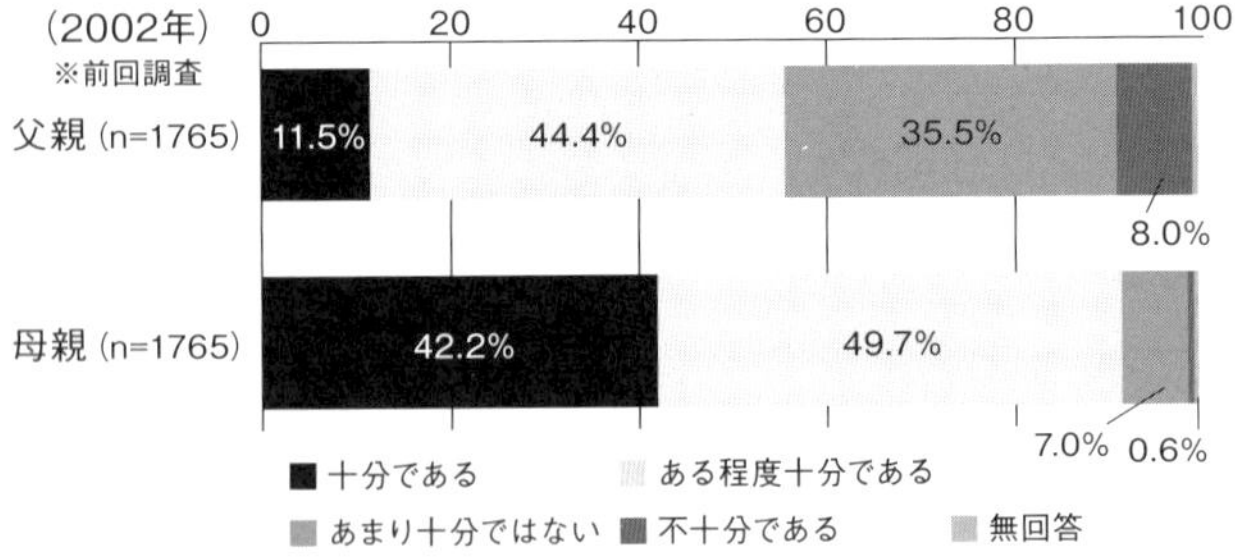

資料13 「未就学児を持つ父母の子育てへの関わり度合い」
（出典：三菱ＵＦＪリサーチ＆コンサルティング「2014年度子育て支援策等に関する調査結果」）

1歳のバースデーケーキを携えたパパの「おめでとう」。

ワンオペ育児の1年を「おめでとう」とねぎらわれて、ありがとうと素直に涙する彼女たちは素直だ、と思う。えらいなぁとも思う。でも、その一方で、一緒にお迎えを切り抜けて、一緒に離乳食を食べさせてきた夫は、「おめでとう」とは言わないだろうという思いもぬぐえない。何度もある予防接種の半休も半分ずつ取って、1年目の大変さを分かち合ってきたならば、2人で「やったね！」と喜ぶところだろう。妻の努力を認め、褒め、「おめでとう」と妻の成長を喜ぶ……ということは、1年目の終わりにして、すでに夫は戦力外。この先ワンオペ育児は延々と続くのよ……という残念な現実に、こちらは涙してしまう。

5　リフレッシュ下手のきっちり家事

「お母さんと比べると、私、全然（家事を）やってない」

これは修論中に、これから第1子を出産する30代前半の女性の言葉だ。「でも、あなたはフルタイムで働いていて、お母さまは専業主婦だったんでしょう？　忙しさが違うんだからそれは当然ではないかしら？」と驚いてこちらが聞き返すと、「（私の中で）お父さんはあくまでも、家事のサポーターとして家事をやっていたという認識だから、私も、主軸は女の人がこなして、夫はそれを支えてくれたらいい、と思っている」と言う。きちんと家事をすること、きちんと生活することが、どれほど彼女にとって大きな意味があるかが伝わってきた。

そして、たとえ忙しくてきちんとできない場合でも、きちんとしているように見えることが非常に重要なのだということも。だから、「コンビニで買ってきたとしても、お皿に分けて家で作ったかのように出すとか。その方が手間がかかっていて、料理を食べている感じがするから」と言う。

もう一人の30代の女性も、「冷凍食品は使っていますけど。基本的に買ってきたものをそのまま出すことはしません」と言う。「買ってきたものを並べたり、お弁当で済ませたりすると、楽したっていうのと同時に、あぁ、手抜きしたって思う。手抜きっていうか、ズルしたな、っていう気持ちになる」からだ。家事と育児と仕事に追い回される彼女たちが多少手を抜くことのどこが「ズル」なんだろうかと思うが、実際には、ズルや手抜きは容認されにくい。日ごろすべてを「きちんと」やっている人が、たまに手を抜く分にはいいのかもしれないが。

こんな状態だから、家事や育児をちょっとサボってリフレッシュ……などということも、まわりの外国人に比べると、日本の女性はあまりしていないように見える。せいぜい、ママ友とのランチか、夫に子どもを見てもらっての年に何回かの飲み会くらいだろうか。「だらしがない」「いい加減」と言われないようにという周囲への配慮もしつつ、リフレッシュするのは容易なことではない。一方で、ほとんど休みもない状態で「きちんとした」家事と育児に追い立てられ続けて、焼き切れてしまったら、本末転倒だ。

少し手を抜いたりリフレッシュするには、周囲がサボるきっかけをくれるとありがたい。

アメリカ人と結婚して移住し、子育てが始まったばかりの若い友人は、誕生日の日に近所の先輩ママたちが一日外に連れ出してくれたという。先輩ママたちは彼女の夫に、「誕生日祝いをするから、（彼女を）ちょっと借りるわよ」と言って、誕生日の人は無料になるカフェに彼女を連れて行ってくれた。そしてそういったお店をいくつかはしごして、息抜きして帰宅。新米パパはその間、赤ちゃんとべったりで育児と家事。「リフレッシュしました〜！」と、満面の笑顔がＳＮＳに載っていた。

これだけでも、アメリカの人たちの息抜きのうまさに感心してしまうが、日本人にとってさらにハードルが高いのが、夫婦一緒のリフレッシュではなかろうか。

以前、アメリカ人の友人の子どもたちと出かけた際、子どもたちがフィリピン人の女性に伴われてきたことがあった。ふだんはお母さんが来るので、「あら、ママは?」と聞くと、お嬢さんが「今日は子どもからお休みなの」と言う。「まぁ、うらやましい」と私が言うと、同伴してきた女性がにやり。彼女は、子どもたちのシッターさんだったのだ。友人はというと、夫婦水入らずでのんびりランチをして、美術館に足を運んだらしい。

夫婦が2人で出かけるためにシッターさんを頼むという文化を私が知ったのは、童話の『ピーター・パン』だった。ダーリング夫妻が夜出かけるときに、ナニーがウェンディーたち子どもの面倒を見るというところから、話が始まる。ちなみに戯曲の初演は1904年だから、当時からこうしてナニーに子どもを預けて出かけることがあったのだろう。

家事と育児は家庭内で……という風潮が強い日本では、本来無料の家事や育児にお金を払うことへの心理的なハードルは高い。しかし、パンパースのCMのように子どもの誕生日に妻にケーキを買ったり、レストランに行ったりするのにお金を払うなら、その分をシッターさんに回してみるのもよいのではないか。家事や育児は必ず夫婦だけで分担しなければならないものでもない。リフレッシュに人の手を借りることで、笑顔で日常生活に戻れるなら、そして、継続的な夫婦関係を維持していけるのであれば、どれほど価値があることか。

とはいえ、必ずしもリフレッシュが有償というわけでもない。アメリカ在住の友人が最近体験したのは、教会が子どもたちを預かってくれての、ペアレント・アウティング（親だけのお出かけ会）だ。小さな子ども２人を育てながら大学院に通うママと、フルタイムで教員をするパパが、「夫婦水入らずで出かけたのはとても久しぶりだった」とうれしそうにほおを寄せ合う２人の写真がフェイスブックにアップされていた。教会って粋なところねぇと、思わずパソコンのこちら側で私も笑顔。

フランスの高校に留学していた娘も、時々パパとママがデートで出かける日があったらしい。そういう日は、「今日は、パパとママは出かけるから。〇〇さんにあなたたちのことを頼んであるから、夕飯は食べさせてもらって」と言われ、ホストブラザーと２人でお世話になるという具合だ。現地の生活に慣れてきてからは、娘がホストブラザーのシッター役を買って出て、夕飯を作り、家で食べたりということもあったという。

日々のお迎えもさることながら、こうして一瞬夫婦で育児から逃避することも、今の日本ではままならない。が、何もかも家族で抱えず、時には「子どもからお休み」してリフレッシュするのを支援するご近所や仲間を作っていくことは、前向きに子育てと家事をしていく上で大きな意味を持つ。

同時に、多少の手抜きやサボりを穏やかに見守ってくれる社会だったら、どんなに楽だろうとも思う。まわりを気にせず、サボったりリフレッシュしたりする女性がしだいに増えていけば、そうした風潮が徐々に受容されていくようになると期待したい。

（5）家事のできない家族は滅びる

1　おひとりさまのサバイバル術

戦後の核家族化の進行の中で、65歳以上で子どもと同居している人の割合は、じりじりと減り続け、1989年の60・0％から、2015年には39・0％まできているという（＊71）。高齢者のみの世帯が増えることは、当然ながら、夫婦もどちらかが先立てば、一人暮らしの高齢者が増えるということでもある。離婚もある。また、未婚男性の増加という問題も近年は指摘されている。

高齢者全体における一人暮らしの割合は、以前から女性の方が多かった。1980年の段階で11・2％だった一人暮らしの女性高齢者は、2015年には19・6％と漸増している。一方の男性の一人暮らしの割合は、1980年の4・3％から12・8％へと、3倍に増えている。そして、国立社会保障・人口問題研究所の試算によれば、65歳以上の一人暮らしは2010年の1・53倍になるという（＊72）。世帯主が75歳以上の世帯では、2035年には39・7％、つまり3人に1人以上が一人暮らしとなる。男性の一人暮らし高齢者が増加していく点が、今後の大きな特徴であると第一生命経済研究所主席研究員の小谷みどりは指摘する。

東京都の「2060年までの東京の人口推計」によると、2015年の東京の人口に占める老年人口の割合（高齢化率）は22・7％であり、既に超高齢社会に突入している。今後一層高齢化は進み、2025年には23・3％、2030年には24・3％（約4人に1人が高齢者〔65歳以上〕となる見込み）だという（＊73）。先の国立社会保障・人口問題研究所の試算と合わせると、4人に1人が高齢者、そのうち4割弱は独居老人となることになる。

先述の小谷みどりによると、高齢になってから一人暮らしが始まると、男女とも7割の人が「誰とも一日中話さない」ことが増えると答えているという。この傾向は男性に顕著だ。仕事一筋の会社人間で定年を迎えた人たちは、地域社会の中に友だちが少なく、「一緒にお

		家事を担っている	家計の支え手	家族・親族関係の中の長	特にない
日本	男性	2.4%	43.1%	29.9%	17.0%
	女性	75.5%	6.0%	2.7%	7.9%
アメリカ	男性	24.0%	17.0%	38.8%	8.8%
	女性	43.9%	5.6%	19.3%	9.2%
ドイツ	男性	23.5%	19.1%	39.3%	9.1%
	女性	69.8%	0.4%	7.1%	8.2%
スウェーデン	男性	73.4%	7.5%	6.5%	7.5%
	女性	75.0%	5.3%	7.9%	5.3%

資料14 「家族の生活に果たす高齢者の主な役割（男女別）」
（出典：「平成27年度 第8回高齢者の生活と意識に関する国際比較調査結果（内閣府）」より抜粋して作成）

茶や食事を楽しむ同性の友人」がいる男性は、女性の75・8％と比べると半数以下の33・6％にとどまっている。妻がいなければ、話し相手もいない、外に出る機会も少ない男性たちの様子が見えてくる。

しかも、内閣府の「第8回高齢者の生活と意識に関する国際比較調査結果」によると、この男性たちは、家の中で「家計の支え手」（43・1％）以外に大きな役割を果たしていない。家事を担っている人の割合も、アメリカの10分の1、スウェーデンにいたってはもはや比較のしようもないほど、日本のおじさん、おじいさんの家事への貢献度は低い（**資料14**）。その結果が、日本の男性のみ、「特に役割はない」が17％と、他を寄せ付けない数値になってしまうのではなかろうか。

こういう人たちが、妻に先立たれたり離婚したりして、おひとりさま独居老人となる時代。残された当事者もさぞや大変だろうが、それを支える子どもたちの苦労も想像に難くない。

笑えない実例ではあるが、我が実家にも家事能力ゼロの父がいる。愚弟がよく冗談めかして、「親父、（死ぬ）順番を間違えないように頼むよ。お袋が先に行っちゃうと一大事だからね」と言っている。が、確かにそうなのだ。笑いながら言っているから冗談に聞こえるけれど、母が先立ってしまったら、いろいろなことが回らなくなり、残された私たち子どもに大きな負担が降りかかることは間違いない。

こうして見ていくと、先述の小谷氏の研究結果に出てくる「配偶者と離死別したら、男性の41・5％がパートナーを見つけたいと考えていたが、女性では15・5％にとどまった」という数字もうなずける。男性側は引き続き、話し相手になってくれて家事もしてくれる無料介護者がほしいと思うのは、それまでの生活スタイルを思えば無理のない話だ。一方、女性の側は、せっかく解放されたのだから、もう介護者への逆戻りはゴメンだ、と思うのだろう。

となると、そうなる前に、もう少し家事を分担して、多少は使える独居老人予備軍を育てていく必要がある。夫の仕事が忙しい間は妻が仕事を引き受ける内助の功は美しいようだが、その先は真っ暗だ。

おひとりさまの予行演習としての家事の肝は、自分で「完結すること」だ。世の中、料理が趣味とか自分の趣味のものだけは整理整頓してきれいにキープしているといった男性陣は少なからずいる。が、たとえば趣味が料理だけれど、後片付けは趣味の範疇《はんちゅう》に入らないといった人は多い。趣味としてはそれでも結構だが、家事としてはそれでは成立しない。家事としてやる場合は、「作ったら片付けるところまで」が原則なのだ。

調理器具からオーブンの中、ガステーブルまで、調理後に自分で掃除しなければならないとなったら、今までまったく気にせずに作っていた油の飛び散りそうなメニューも、オーブンの油掃除が大変だから、やめておくか、ということになるかもしれない。キッチンを粉だらけにしてピザの生地を作るくらいなら、「辻調」さんや土井善晴さんのいう一汁一菜で具に凝ってみるかと発想を切り替える手もありだろう。

家事の第一歩は、自分がやりたくないことは、他の人に振るのではなく、ちょっと面倒なことも最後まで自力でやるところから。人間の自立の一歩はそうした心構えから始まるような気がする。

2　燃えるものがわからない子どもたち

10年近く前になるが、近所の小学校で、生活科の授業の一環として七輪で火を使う経験をするというので見に行ったことがある。七輪がある家は、確かにかなり珍しい。それどころか、マッチがある家ですら珍しいご時世だ。いったいどんな授業になるのかと、興味津々で出かけて行った。

まず、子どもたちは、七輪とは何か、どうやって火をつけるのかを、ビデオで学習する。先生が「マッチを擦《す》ったことがある人」と聞くと、30人強の3年生の3分の1ほどが手をあげた。今や、マッチを擦れるのは少数派か、と驚いたのを覚えている。

一通りの座学を終えると、七輪を抱えて校庭に向かう。グループになって七輪に火をつけて網でお餅を焼き、「昔の人の暮らし」を体験するのが、その日のメインイベントだ。燃やすのは、炭と、着火用に各自が自宅から持ってきた新聞紙など紙類。もちろん、記録のためにノートや筆箱も持参している。餅、燃料、記録のための道具、さらに七輪にマッチに、消火用の水と、各グループの持ち物は多く、七輪を中心とした子どもたちの輪の周辺には物が散乱していた。

いよいよ火をつける段になって、風が出てきた。先生が「火が移ると危ないから、燃えるものは七輪から遠ざけなさい」と指示を出す。ところが、誰も動かない。しばらく様子を見ていた先生が、今度は「燃えてしまうと危ないから、紙やビニール袋は七輪につかないようにして」と言い直した。すると、子どもたちが慌てたように地面に散らばっていたノートをまとめ、新聞紙を重ね、七輪のすぐ脇にあったビニール袋を遠ざけ始めたのだ。

最初の指示で子どもたちは動かなかった。「燃えるもの」が何かわからなかったことに気づいた先生は、燃えるものの中身を具体的に、「紙やビニール袋」と伝えたのだった。つまり、子どもたちには、何が燃えるものかがわかっていなかった、ということになる。

ゴミ分別の課程で、子どもたちは「燃えるゴミ」と「燃えないゴミ」という言葉に日常的に接している。けれども、その言葉は単に分別するための記号に過ぎず、実際に「燃える」かどうかがわかっているわけではないのだ、という現実に、私はこのとき初めて気がついた。

考えてみれば、家の中に火が出る場所はガスコンロくらいしかない。火が熱いものだということも、乾燥したものに近づけると簡単に燃え広がることも、日常で経験する機会はほとんどないのだ。家にバーベキューコンロがあるとか、親がキャンプ好きで子どものころから屋外で火を使っているといった環境に恵まれなければ、一度も火を触ることなく成人してしまうことだって、あり得なくはないご時世だ。

とはいえ、それでも日常生活には困らないといえば困らない。が、一方で、火事に対する反応や判断力は、昔と比べると著しく低くなるのは否めない。以前、近所で火事があったときに、ふだん蚊取り線香をつけるときに使っているマッチ１本の火からでも、こういう火事が起きることがあると子どもたちに説明したが、どうしても納得を得られなかった。我が家では、生活科の授業の一件以来、多少でも火を見せる機会を作ろうと、家で蚊取り線香を使い、着火はマッチでという小さな試みを続けてはいたが、その小さな火と、目の前で家を一軒焼き尽くしている大火が同じものだということは、小さなマッチの火しか知らない我が家の子どもたちの想像力をはるかに超えたものだったのだ。

このとき初めて、経験のないことは想像ができないのだということを、子どもたちの反応から私は学ばされたのだが、火を扱ったことがないということは、火のありがたみも、火の怖さも、その人の想像の範囲から取り除いてしまうことにつながる。火事だけではない、やけどの怖さ、くすぶり火の危険さといったことも含めて、昔の人たちが培ってきた知恵が、「安全」の名のもとに次世代に渡らなくなりつつある。

日常的なちょっとした家事を通して、火に親しむ機会を作ることは、じつは人間の未来に大きく関わっているのではないかと思ったりする。

3　妻はおしも係か

最近のイクメンブームのおかげだろうか、積極的に育児を手伝うパパが増えている。従来、ママに押しつけられがちだったおむつ替えも、２００９年に花王メリーズとアジャイルメディア・ネットワークが実施した調査では、85％のパパが毎日1回はおむつを替えている（＊74）。その後の調査では9割を超えるというデータもあり、この傾向は続いているといえるだろう。しかも、ベビーカレンダーというクックパッドが運営するパパママ向けサイトによると、「うんちだって80％近くのパパたちが替えてくれていました（＊75）」という。

ただし、ベビーカレンダーでは、この後、「おむつは替えてはいるけれどいやいや感が伝わってくる」「おむつの替え方が雑だ」「パパたちはおむつ替えをやることはやっているけど、その態度やテクニックにはまだまだ問題アリ」などと、一度持ち上げたパパたちに矛先を向け、「ママたちが納得するおむつ替え4か条」なるものを提示している。

家事については、こうした「やっていることは評価するけれど、やり方が……態度が……」という話の展開は多い。が、とりあえず、やってもらえるなら、完璧に任せて、責任を持って最後までやってもらうことの方が重要だろう。こと、トイレ掃除、介護も含めたおむつ替えというのは、長らく妻に落ちてきがちだったのだから。

仕事柄、掃除の講座を長くやっているが、やりたくない掃除の上位に常にランクインしているのが、トイレの掃除と風呂掃除だ。

トイレは狭い空間なので、作業自体が大変だというわけではない。むしろ、「汚すのは夫なのに、なぜ私が掃除しなければならないのだ」という「納得いかない感」が強い。ちなみに、２０１５年に大王製紙が実施した「夫婦のトイレ掃除に関する意識・実態調査」（＊76）によると、家のトイレの掃除を自分だけがやっている人の割合は、妻で76％、夫は９％だった。この調査でも「家庭のトイレ使用時に『トイレを汚しがち』なのは夫と妻、どちらか」と尋ねたところ、「夫がトイレを汚しがち」だと考える妻が67％にのぼっている。

トイレ掃除というと、どうも心を磨くという道徳論に話が飛びがちだが、そんな大げさな話をしたいわけではない。自分が汚したら自分で掃除をしようよ、というだけのことだ。汚したら、汚した当人が後始末をするという、ごく当たり前のことを、家庭で実践すればよいのだ。

これは、トイレに限ったことではないが、特に下の汚れは、片付けるのは当人でもいやなもの。それを他人に押しつけないというのは、ある程度の年齢になったら当然のことのようにも思えるが、実際には既述のように、トイレ掃除一つとっても、汚れの後始末は女性の肩にかかりがちだ。

インターネットの掲示板に書き込まれた、汚れた夫の下着を自分のものと一緒に洗うべきか、という投書に、「夫婦は長く連れ添うもの、いずれは夫の介護もするようになるのだから、その練習だと思って洗うといい」という内容の書き込みが複数あった。

また、2017年に映画『いつまた、君と』のイベントとして行なわれた「家族へのラブレターコンテスト」で、「十数年後、私の面倒を看ている妻に」という、十数年後に妻が認知症になっているであろう自分の介護をしていることを前提に書かれたラブレターが最優秀賞を受賞し、話題になった。

ツイッターでこの記事を取り上げたみゅあさんは「自分の方が介護される未来しかない脳内お花畑な人ってある意味羨《うらや》ましいわ」と書いているが、確かに、妻が先に倒れて自分が介護をする側になる可能性を思いつけずに、ある日妻が倒れたらどうするのだろう。

いや、問題は夫婦だけではない。介護は子どもに及ぶこともある。ノンフィクション作家の松浦晋也さんは、お母様の介護経験を通して、世の男性に問いかける。「ここで世の男性の皆さんにお尋ねしたい。あなたは、自分の母親がどのような下着を着用しているかご存知だろうか。それが、季節によってどのように変化するかを把握しているだろうか」。

独身の松浦さんは、「そもそも下着を見てもその着用法すらよく分からない（＊77）」状態で途方に暮れたそうだ。また、下着の洗濯を一手に引き受けてきた女性は、人に下着を洗われる羞恥心《しゅうち》から、汚れた下着を隠すといった行動に出ることもあると言う。

介護という特殊な状況に追い込まれたところでこうした問題が出てきたら、どんなに大変か。最近は、妻の下着も洗う夫が増えてきているというから、「着用法すらよく分からない」という事態はかなりの確率で回避できるのかもしれない。

しかしそれも、日々の生活の中で家事を分け合っていればこそ。おしも係を妻に押しつけておいて、ある日突然、介護とともにおしも係も降ってきたら、とてもスムーズに状況を乗り切ることはできない。

年をとらなくても、不測の事態は起こるものだ。けが、病気、事故。妻や母だけはぴんぴんして、いつまでもおしも係を引き受けてくれる……などというのは、幻想にすぎない。そう思ったら、家事もお互い様ではないだろうか。やってくれるうちは妻にやらせておこうではなく、お互いに年老いてきているのだから、できるところは補い合って……といきたいものだ。

4 コンビニがないと餓死する

2017年の惣菜市場動向（*78）によると、内食、中食、外食を合わせた食市場は、2006年から2015年の10年で約7％拡大した。その牽引役になっているのは、弁当や惣菜などのいわゆる「中食」で、外食の2・6％に圧倒的な差をつけ、22・6％の大きな伸びを示した。売り上げの中心となるのは弁当、おにぎりなどのコメ製品だ。「高齢化・核家族化・女性の社会進出などライフスタイルの変化を反映して、惣菜の利用が大きく増加している」と一般社団法人日本惣菜協会ではいう。

一時期高校生のたまり場のようにいわれたコンビニだが、セブン‐イレブンが毎年公表している来客年齢階層比によると、顧客の3割は50歳以上だ。20歳未満の利用は2015年度の時点で10％以下まで減ってきている。99年には30代未満が顧客の半数を占めていたセブンーイレブンだが、今は30代以上が75％と様変わりしている（＊79）。

㈱アイ・イーシーの「統計データから読み解く働く人と企業の未来像」（＊80）の分析によると、単身赴任世帯は2005～2010年にかけて増加してきており、2010年には有配偶者の男性の2・3％が単身赴任の状態にあり、弁当類で食事を済ませる中高年が増えてきていることを想像させる。おかずの一品がコンビニやスーパーで買ってきたものであることは、もはや珍しいことではない。

一方で、就職情報プロバイダーのマイナビが実施したアンケートによると、独身一人暮らし社会人の自炊回数は、一番多いのが週5回、3位が7回だった（＊81）。それなりの人数の独身社会人が、ほぼ毎日のように自炊をしていることになる。ちなみに2位は0回。弁当男子という言葉がはやった時期があったが、限られた収入の中でやりくりする工夫を、中高年に比べて若い人たちは、男女ともにしており、こまめに台所に立つ人が多いのかもしれない。

同じくマイナビが別途実施したアンケートによれば、一人で食べるときの夕食代の平均は583円（＊82）。そのうち、コンビニ利用派では400～600円程度。一方、自炊をしている人では、100円という人も5・6％だがいる。具体的には、「モヤシとブタ肉（キロ単位で買って冷凍して）」を使い回したり、「半額の肉を買うなど」の工夫をして食費を抑えている。

自炊は、確かにお財布にやさしい。出かける時間、待ち時間などを考えると、週末にそれなりに材料を買っておけば、日々の生活の中では時間の節約にもなる。

そう考えると、伝統食や手の込んだ料理の前に推奨されるべきは、まず誰にでも作れる簡単な料理と、栄養バランスのとり方なのではなかろうか。簡単なものでよいから、毎日食事を作り続けるコツこそ、学校でしっかり伝授すべきことなのではなかろうか。

コンビニがなくても、スーパーが休みでも、あり合わせの材料で作れるごくシンプルな料理は、高校を卒業し、どこかの時点で一人暮らしが始まる可能性の高くなる18歳になる前に、ぜひ身につけておきたいものだ。凝った料理は、必要ならば、あるいは本人が欲すれば、後からいくらでも身につけられる。そうした段階以前のシンプルな食生活のあり方を、まずは学校で教えられないものだろうか。

そう思っていたら、先にも少し触れたが、辻調や料理研究家の土井善晴さんが、一汁一菜を提案しておられた。土井さんは「ご飯を炊いて、菜（おかず）も兼ねるような具だくさんの味噌汁を作ればよい」という。それが日本の食事の基本だ、と言うのだ。大事なのは「自分で料理する」こと、「そこには男女の区別はありません。（＊83）」と言う。

具だくさんの味噌汁は、肉や魚、卵などを入れてもいいと言う。豚肉を入れれば豚汁、魚のすり身ならつみれ汁というところか。野菜を多めにするとよいというのが、土井さんのアドバイス。四季のある日本では、国産の旬の野菜を食べていれば、季節の移ろいとともに自然と手に入りやすい野菜も変わってくる。そうやって季節の恵みを享受しながら、最低限の食事を作る。必要ならば、ちょっとコンビニでおかずを足すのもありだろう。

同じ食育をするのであれば、女が早起きして作る立派な伝統食の朝ご飯ではなく、誰もが簡単に作ることのできる、土井さんの一汁一菜のような「基本のキ」を教えたい。誰もが簡単な食事を手早く作れるようになる技術を身につけることで、自活はグンと楽になる。母が入院しようと、妻に先立たれようと、とりあえず共倒れにならずにやっていけることにつながるだろう。

大昔「私作る人」「僕食べる人」というコマーシャルがあったが、女におんぶにだっこで食べさせてもらう時代はそろそろ終わりにしたい。手のあいたときに、作れる人が一汁一菜を準備する。そんな家庭に育った子どもは、世界中どこに行っても、なんとか生き残っていけるのではなかろうか。

5　妻任せの後にくるもの

２０１４年ごろからマスコミでしばしば取り上げられている定年後の夫婦の形に、「卒婚」がある。『日本経済新聞』によれば、「仕事や子育てが一段落したシニア世代の夫婦が、別々に暮らすなどして自由に新しい生活を始める」ことを言う（＊84）。

「食べさせてもらって当然、身辺の世話をしてもらって当然、という夫婦の依存関係をリセットし、互いに自由に過ごすこと」と卒婚を定義するのは、「女性ライフスクール」（東京・目黒）代表の山本和美さんだ。つまりは離婚を前提としない別居だ。サンプル数は２００と少ないものの、建築事務所有限会社インターステーションが２０１４年に行なった調査では、30〜60代の女性のうち56・８％が「いつか卒婚したい」と考えているという結果が出ている（＊85）。

また、卒婚の想定時期については、「60〜64歳」という人が35％、「65〜69歳」が24％と、約６割が定年を境に卒婚を考えていることがわかる。卒婚という言葉はきれいだが、単刀直入に言えば、定年で夫が毎日家にいるようになったら別居したいという女性が６割いるとい

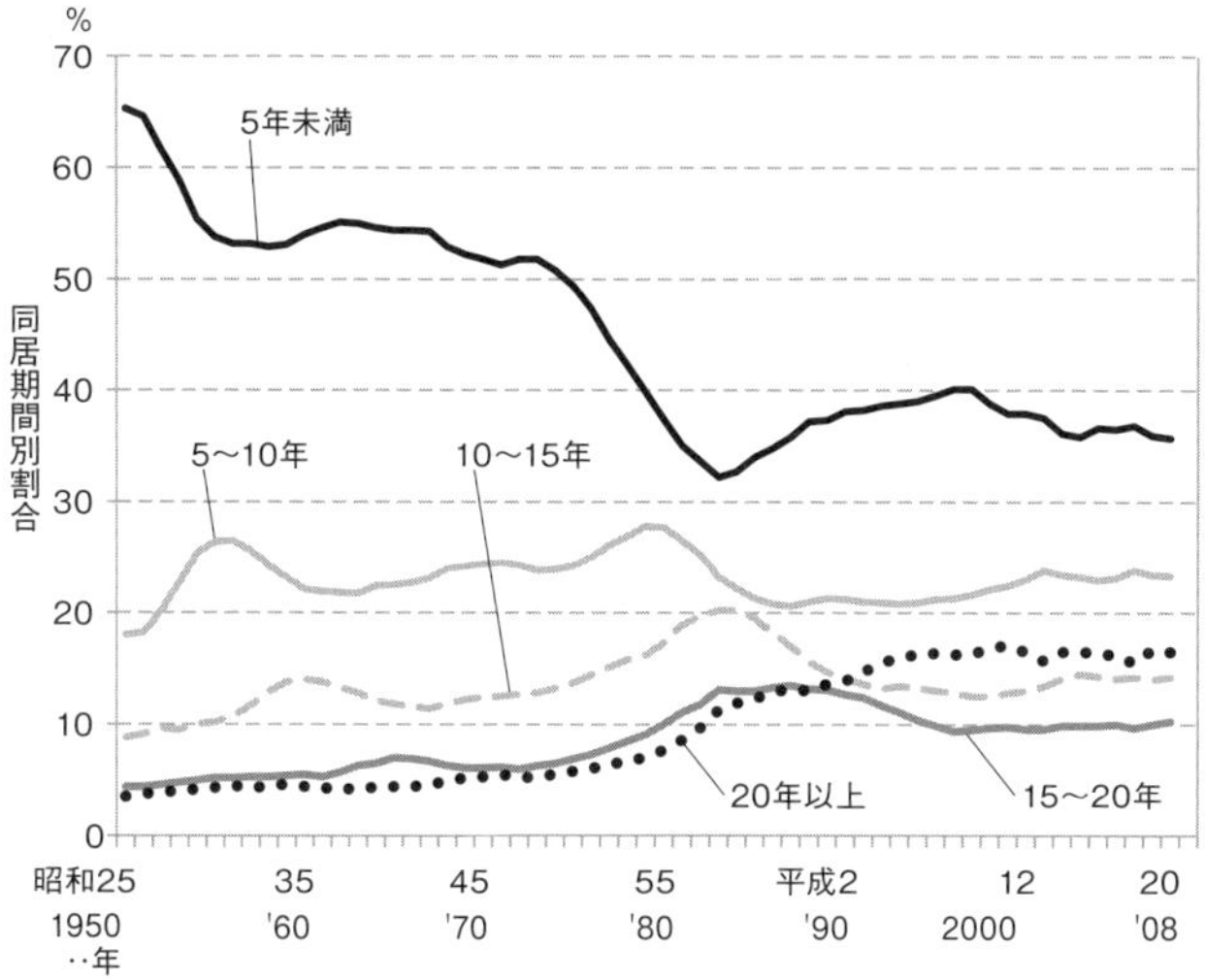

資料15　「同居期間別に見る離婚率の推移」
（出典：厚生労働省「離婚に関する統計」の概況）

うことになる。

　これに加えて、同居年数が20年を越えるいわゆる熟年離婚は、1990年以降、離婚者総数の20%に欠けるレベルで推移している（＊86）（**資料15**）。

　こうした現象について、2014年の『人民日報』（中国共産党機関紙）は、日本人専門家の分析として次のような見解を報じたという。

「日本経済の高度成長は、1世代の家庭生活を犠牲にした上に成り立ったものだ。『熟年離婚』の原因を夫婦関係の不和に過ぎないと考えるのは問題を単純化しすぎている。現在、熟年期に入った世代が結婚した頃、ちょうど日本経済は高度成長期に入り、政府は様々な方策で、男性に非常に大きな負荷の仕事を与える一方、女性には専業主婦になるよう推し進めてきた。この時代の家庭内の分業モデルが熟年夫婦の関係性に導火線を埋めこんでしまった」

これに加えて、熟年世代には親の介護が重なるケースも多い。そしてここで亡霊のように出てくるのが、「義両親の介護は（長男の）嫁が」という暗黙の了解だ。「嫁に来たのだから」と舅・姑に言われたという人も少なくない。こと介護に関しては、家制度の意識が上の世代にまだまだ根強く残っていることを痛感させられる。

同時に、介護にあたっては親の資産だけでは不十分で、お金を出すか、マンパワーを出すかの選択を迫られ、妻がマンパワーとなるケースもある。比較的年金が潤沢な後期高齢者だが、徐々に年金支給額が減ってくると、家庭内マンパワーをあてにする層は増えてくるだろう。そしてまた、これが熟年離婚の最後の導火線になることも、珍しくはない。

出産時にどちらかの両親と同居、近居をして、送り迎えなどを手伝ってもらいながら子育てをする三世帯同居の場合、子どもが育ったら、次は親の介護、さらにはパートナーの介護と、介護のチェーンが待っていることになりかねない。そして、大山のぶ代さんの例にもあるように、必ずしも最後に介護されるのが夫とは限らない。

こうした様々な状況を考えると、一人になったときに、できるだけ、誰かの手を煩《わずら》わせずに生活していくすべを持っていることは重要なことだ。

いざとなれば、一人でできる。二人いるから、お互いで分担してやる。やり方はそれぞれでいい。妻も家事の管理職から降りて、夫のやり方で家事が進んでいくことに慣れる必要がある。スタートは早い方が、ランディングはスムーズだ。

第2部　「片付けすぎ」が家族を壊す

（1）日本の家が片付かないのには理由がある

1　和洋折衷の団地が片付かない家の原点

団地第1号は1956年に大阪に作られた。団地で画期的だったのは、台所と食堂を一室にまとめたダイニングキッチンの出現だ。そして、ダイニングキッチンができたことで、それまでの「夜は布団を敷いて寝室として使い、朝になったら布団を片付けて食事室にする」といった一部屋を使い回す習慣が大きく転換した。それまで畳の上で食べていた食事を、ダイニングで、テーブルといすを使って食べるようになったのだ。

1942年に、当時の建築家・建築学者西山卯三《うぞう》が発表した「住居空間の用途構成に於《お》ける食寝分離論」は、食事をとる部屋と寝室を分けることを「秩序ある生活にとって最低限の要求」として重視したという。衛生面から見ても、布団のほこりの立つところで食事をするのは不衛生であるため、食寝分離が好ましいといった指摘もある。ベッドで寝起きする欧米では、当然のことながら寝室と食事室は異なる。そうしたこともあって食寝分離は、戦後、特に日本住宅公団の標準設計に反映されることとなり、広く定着していくことになった（＊87）。

当初はテーブルそのものがあまり市場に出回っていなかったため、ダイニングルームのテーブルは作り付けだったという。2DKの広さは標準で40㎡。そこに、キッチンとダイニングの他に6畳と4畳半の二間、バストイレ。最新の施設てんこ盛りの小さな居住空間である。19世紀に日本に来たE．S．モースの目に、「どの部屋にもベッドスタンドのような家具は設置されていない。したがって、寝床はどの部屋にでもしつらえられることになる。取り付け式の家具がほとんどないので、畳面は広々としている」と映った広々とした居住空間から、家具を入れた生活へと切り替わる大きなきっかけになったのが団地だ。

しかし、当時の団地の部屋を復元した次頁の写真はどうだろう（**資料16**）（＊88）。

畳の上には、全部を完全に覆うのではなくソファがのる程度に敷き込まれたカーペット。部屋の幅いっぱいに置かれたソファ3つとテーブル。その奥の本棚には、奥行きが深すぎてはみ出すようにしてテレビが突っ込まれている。ソファのすぐ後ろは、ガラス戸やふすまに

資料16　常盤平団地の復元展示（松戸市立博物館）
（出典：「goodroom journal」2016年3月11日号）

なっている。人が通ることもできないほどぎっしり詰め込まれた家具。掃除のためにこれを動かすのは、かなり困難だっただろう。

このカーペットにしてみても、「ソファセットはカーペットの上に置くのが西洋式」という思いから敷き込まれたものだと思われるが、畳とカーペットで段差ができれば、そこにほこりはたまりやすくなる。なくてもよさそうなものだが、ソファセットをおしゃれに見せるには、当時は必要だと考えられていたのかもしれない。

日本人は間接照明を住宅にあまり使わないので、ステレオセットの奥に置かれたランプはおそらく飾りとして購入されたものだろう。実用にはほとんど役に立たないが、おしゃれなインテリア、というところか。

こうして、細かくこの6畳とおぼしき空間を見ると、当時のあこがれのライフスタイルが、いかに和洋折衷だったかがよくわかる。

和洋折衷が悪いとはいわないが、本来、広い空間を前提に作られてきた、寝室と食事室、リビング、といった区分けや、そこにテーブルだのソファだのを置いて使うという生活様式は、ある程度空間的に余裕のある生活から生まれたものだ。必要なものをきちんと収納することよりも何よりも、欧米の人々のライフスタイルを「物」から取り入れ、それを40㎡の小さな空間に押し込めて、雑然としないわけがない。そして、これが、戦後の人々のおしゃれな西洋化のライフスタイルの出発点だったのだ。

ちなみに、大森貝塚の発見で知られるE. S. モースは、19世紀当時の日本人のライフスタイルを次のように記している。

「(日本人の)ささやかな家と家具とについて述べるに当たり、(アメリカの)読者は、家族が部屋数の不足から不自由を感じているとか、必要家具を切りつめているとかいうふうに想像すべきでない。そうではなくて逆に、家族はじつに快適に生活できるのである。かれらの入用品はほんの僅《わず》かで、その趣味は簡素で洗練されている。日本人の暮しぶりには虚飾的なところが毛頭ない」(*89)

モースの賞賛するこうしたシンプルさは、徹底した和の暮らしのなせる技であったろうと思われる。

2 「和洋中」なんでも作れるキッチンにある道具は

東南アジアの外食率の高さについては第1部でも触れた通りだが、これは、見方を変えると、キッチンの「外部化」と言える。その昔、日本ではお風呂は家の外にあって、複数の人がシェアして使うものだった。比較的温かい地域では、こうして家事をする場所をシェアするシステムが発達しているように思う。東南アジアの屋台しかり、日本の浴場しかり。ポルトガルのリスボンには洗濯場があり、近所の住民が共同で利用しているという例もある。もっと現代的な例でいうと、コインランドリーは世界中いろいろな国に見られるが、これも、洗濯機を持たずに共用するというシステムだ。

一方、寒い国や、人口密度が低くて隣家との距離がとても空いている地域では、すべての物を家の中に確保する傾向がある。そういうところでは、倉庫などストックする場所も十分確保できるので、食べ物を貯蔵しておくパントリーが充実していて、買い物といえば「一度に大量に買い入れて、ストックする」というパターンが多いようだ。物が不足したときに、仮に隣家に行くのに30分かかる環境では、基本的なシステムを家の中に取り込んでいくのはサバイバル上当然といえば当然だろう。

四季がはっきりしている日本の住宅が、戦後積極的に取り入れたのは、寒い地域から来た欧米のライフスタイルだった。たとえば、日本では長い間共用されてきた風呂は、団地の出現とともに、一般家庭に入り込むことになる。寒い冬も、雨の日も、いつでも家にいながらにして入浴できる。これは画期的なシステムだった。

食べ物にしても、毎日売りに来る豆腐や、週に何度かの野菜や魚の行商が、スーパーに取って代わられ、家の中に食べ物をストックしておく必要が生じるにつれ、冷蔵庫は大型化し、パントリーなどの食物庫が出現するようになった。が、このライフスタイルは、本来、人口密度の低い、土地のたくさんある所の人たちの考え出したシステムだ。それなりの空間で、ある程度のストックを確保できるだけのスペースがなければ、物がはみ出してきてしまうのはやむを得ない。

おまけに日本では、外食や中食が「主婦の手抜き」として蔑視《べっし》される傾向がある。食事は家庭で作るものなのだ。その家庭での食事も、戦後の西洋化の波を受け、朝食一つとっても、

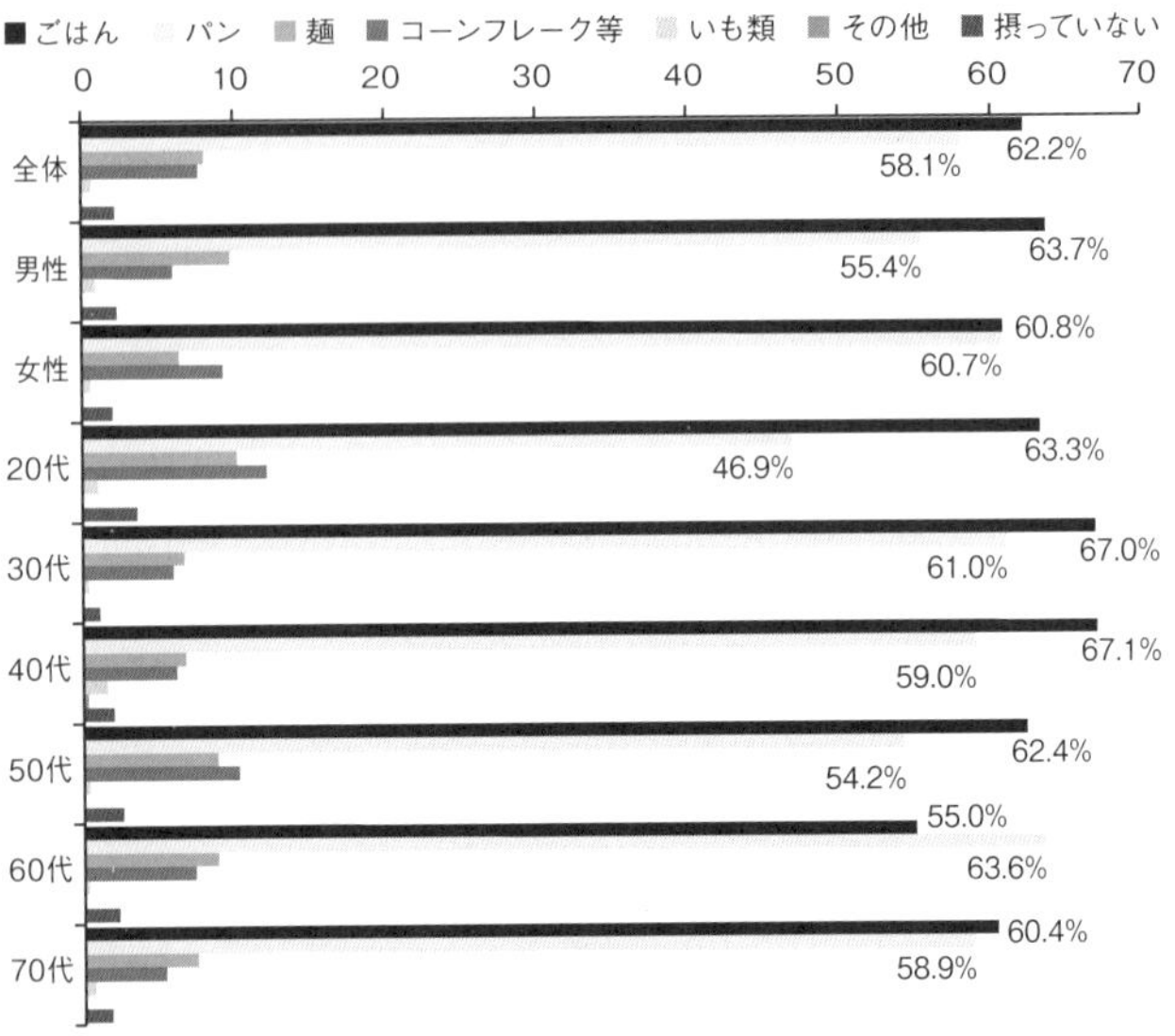

資料17　「朝食で主に摂っているもの（主食・複数回答）」
（出典：日本政策金融公庫「平成28年度上半期消費者動向調査」）

パンの日もあればご飯の日もある人が58％を占める。言い方を変えれば、朝食のために、コメが常備され、味噌汁を作る材料と道具と、パンにつけるバターやジャムの両方のある家庭が6割弱あるということだ（**資料17**）。ちなみに、昼食になると、パンは影を潜め、4割程度の人は麺類を食べると答えている。

パンは昼食・夕飯ではあまり登場せず、言ってみれば「朝食のための食材」として普及していることになる。しかし、3度の飯のうちの1回、それも2日に1回登場するかしないか程度のパンを、家庭でおいしく、焼きたてで食べるためのパン焼き器（ホームベーカリー）はかなりのピッチで普及してきている。２０１４年の総務省統計局の「主要耐久消費財に関する全国消費実態調査」によれば、その普及率は24％に上る。参考までに、自動炊飯器の普及率を述べると、そちらは89％だ。

日本の２人以上の世帯のほぼ９割が炊飯器を持ち、その約４分の１近くが炊飯器とホームベーカリーの両方を持っているということになる。朝昼夜と、やはりご飯を食べる人の割合が非常に高いことを考えると、炊飯器の普及については大いに納得できる。しかし、朝食にパンを食べることがある人が全体の58％なのに、日本の２人以上の世帯の４分の１近くがホームベーカリーを所有しているということは、朝パン食をとる家庭では、かなりの割合でホームベーカリーを所有していることが予測される。

もともと日本にはなかった食習慣や食生活を積極的に取り入れて楽しむ進取の気性は評価されてしかるべきだが、残念ながら、食生活が多様化すれば、それに伴って、食器や調理器具、調味料をはじめとする食材も同じように多様化する。しかも、家族それぞれのお弁当箱に、運動会で食べるための家族用の大きなお弁当箱や重箱に……と、食べるシーンごとの容器やグッズも非常に多い。

と考えていくと、シンプルですっきりしたキッチンはかなり厳しいのが現実ではなかろうか。ましてや、アメリカの一般家庭に比べると、日本のキッチンはかなり狭い。物があふれかえるのも無理からぬ現実があるのだ。

3 家の内外の境界線――家の中で使うもの、外で使うもの

家の外と内を分ける行為は何か？　いったいどの本でこの説明を読んだのかどうしても思い出せないのだか、20年近く前にこの説明を読んだときの、目から鱗《うろこ》がおちた感覚は忘れられない。日本では、「靴を脱ぐか脱がないか」が家の外と中の境目だ。玄関がその境界線にあたる。一方、欧米では「コートを脱ぐか脱がないか」が外と中を分ける。家の中に入ったら、日本人が靴を脱ぐように、まずは重いコートを脱ぐという説明だった。

確かに、彼らは家の中でも外でも靴を履いている。靴と屋外感には何のリンクもない。一方で、コートを脱ぎ、身軽になることはとても重視されている。劇場に行っても、パーティー会場に行っても、クロークは入り口のすぐそばにあり、まずはコートを預けて中に入れるようになっているし、ホテルでも、部屋の入り口近くにクローゼットがあって、コートがかけられる。

アメリカ人宣教師が中心になって作ったというあるミッションスクールでは、下駄箱のすぐ近くに全校生徒のコートかけがあった。朝、靴を履き替えてコートをかけないと中に入れないから、遅刻ギリギリのときは焦ります、と生徒さんが言っていたが、日本人の設計にはない発想だ。

欧米人の多く集まる教会でも、やはりコートかけが入り口にある。特に冬は、コートを礼拝堂に持ち込んで座った場所の脇に置くと、長いすに座れる人数が限られてくるので、コートをかけてから礼拝堂に行くよう声をかけているという。

スウェーデンに行ったとき、３軒の個人宅にお邪魔したが、うち２軒は、玄関に脱いだコートをフックでかけるようになっていた。出かけるときは、フックからちょいと持ち上げて身につける。残りの１軒のお宅では、玄関脇にコートをかけるハンガーのかかったパイプ式の収納があった。コートと帽子をそこに置いてから室内に入る。アメリカで友人宅を訪ねたときは、家の中に入るなり、彼女がコートを預かってくれた。ハンガーにかけて室内にそれをかけておいてくれたのだ。いずれの場合も、こうしてコートがリビングに持ち込まれることが防がれている。

すっかり生活が西欧化して、羽織に草履とはいかない生活になった私たち。コートが手放せない生活になってきている一方で、玄関で靴を脱ぐ習慣は根強く残っている。玄関で靴だけでなくコートも脱ぐのが今のライフスタイルだとするなら、玄関に靴を入れる下駄箱とコートかけがあってしかるべきだと思うが、コートかけはなかなか登場しない。下駄箱は、下駄の親類のようなぺたんこ靴の収納力こそ上がってきているように見えるが、多様化する靴の形状に十分対応できているようにも思えない。

せめて、玄関にコートを収容するだけのスペースが確保できたら、リビングはずいぶんすっきりするのではなかろうか。帰宅した家族がコートを着たまま「ただいま」とリビングに入り、そこでコートを脱ぎ、鞄を置くから、リビングが散らかるのだ。外と内を分けたときに、明らかに外でしか使わない物を、家の中に持ち込まずに済ませられる収納力があれば、家の中はずいぶんすっきりするのではないかと思うがどうだろう。

そう思って、収納の講座をしたときに、参加者に、「家のリビングを思い出して、これは外でしか使わないから、リビングに置く必要がないのに、リビングにある物を書き出してみてください」とお願いしたことがある。子どものランドセル、傘、幼稚園の帽子……ぐらいまでは想定内だったが、バイクのヘルメット、ゴルフクラブのセット、などという答えが出てきたときには、正直驚いた。そんな物がリビングにあるの？

書いた人たちは、「本当は玄関に置ければいいと思うんですけどね、入らないんです」と言う。特に、小さい子どものベビーカーなどがあると、他の物を置く余地はない。

戦後、人々のライフスタイルは西洋化の一途をたどった。その流れが逆を向くことは当面なさそうに見える。従来日本で愛用されてきた羽織や風呂敷といったものの最大の特徴は、すべてぺたんこにたためることだった。四つ折りにして重ねてもさして場所はとらない。草履もきわめて平べったい物だったから、上下に重ねて収納しても比較的かさばらない。

そのおかげで、季節ごとに使い分けても、収納する場所をとられなかった。日本の収納は、そのぺたんこの物を重ねてしまう発想が基本にある。

ところが、西洋から来た靴や鞄、コート類はきわめて立体的だ。靴は長さもいろいろならば、ヒールの高さもまちまちで、形状そのものに非常にバラエティーがある。が、アメリカでもヨーロッパでも、基本的に、個人の靴は洋服と一緒にクローゼットにしまうので、靴の形がどうであっても大勢に影響はない。コートも厚みがあり、羽織のように直線的に作られているわけではないので、折りたたんでの収納は簡単ではない。長さもまちまち、素材もまちまちだ。

こうなってくると、ハンガーでつるす収納や、クローゼットに並べておく収納の方がよほど扱いに困らない。鞄もしかり。素材と色柄のバラエティーを布一枚で楽しむ知恵を捨てて、多様な素材の立体の収納袋の暮らしに切り替えたのだから、それに合わせて、収納のあり方も変えていかなければ、とうていこうした立体的なものは収納できない。

玄関の収納は、和洋折衷の日本のライフスタイルと、それに対応しきれていない日本の収納の現状をとてもよく表しているように思える。外で使う物は玄関に収納ができるようになれば、家の中もずいぶんすっきりするだろう。それを、消費者の知恵だけでなんとかするとなると、どうしても小手先の収納具を活用することになり、さらなる事態の悪化を招きかねない。

家やアパートを設計する側にもこうした視点を持ってもらうことも重要だし、一方で、進歩しない収納の中で和洋折衷のライフスタイルを貫くなら、片付かないのもやむなしと割り切るのも一案かもしれない。それを、「玄関が散らかっているのは主婦の恥」などと言うのはとんでもない話だ、とも思う。

４　トイレに下駄……がわりのスリッパ

地方の家屋を中心に、長らく日本のトイレは母屋の外にあった。先にも登場したモースの『日本人の住まい』という本で紹介されているトイレは、屋根付きの廊下の突き当たりにある。屋根の下を歩いて行くという意味では、完全な外とは言えないが、建物の作りからも屋外感はたっぷりだ。一方で、こうした半屋外の家のトイレは、モースによると、中は床が板張りだった。便器の両脇に、足を置くための木の台や草履はあるものの、床そのものに屋外感はない。

「ご不浄」は、清浄な家の外になければ、家の中に汚れが持ち込まれる。昔の人はそう考えたのだろう。私は「今も外にトイレのある家」に一度だけ行ったことがある。高輪にある牧師館で、今上天皇が皇太子時代に英語の勉強に通われたという坂の上の木造建築だった。台所の奥の女中部屋から下駄を履いて数歩行ったところにトイレが、その脇にお風呂とおぼしき別の扉があった。

この建物は１９２２年に建てられ、関東大震災と第２次世界大戦の災禍《さいか》を免れたという珍しい西洋建築で、アメリカ人建築家のヴォーリズの設計事務所の手によるものだという（＊90）。トイレの西洋化は戦後になって本格化したので、それ以前の建物では洋館であってもトイレが外にあったという事実は興味深かった。

明治時代に建った都心の洋風の高層建築などでは、トイレがすでに屋内に設置されている例もあるというが、ご不浄である限り、完全に家の中というよりは、どこかしら「お外感」を残しておきたかったからだろう、古い家のトイレでは、床に玉砂利のようなものが使われ、下駄やつっかけを履いて用を足すことになっている。

多くの家では今でも、トイレにトイレ専用のスリッパが用意されていて、家の中で履いているスリッパからそちらに履き替えて用を足すのがお約束になっている。ところが、欧米でトイレやお風呂用に別のスリッパが用意されているホテルに遭遇したことはないし、個人の家でも別のスリッパを見かけたことはない。

スウェーデンでホームステイしたお宅では、家の玄関で靴を脱いでスリッパに履き替えるように言われたが、室内もトイレも同じスリッパだった。スリッパを履き替えるというと、なんとなく西洋の習慣のような気がしてしまうが、実際にはこれは、昔の玉砂利床のトイレに用意されていた下駄の進化形で、日本由来のものだろう。

おまけにそこに、今度は西洋式にトイレマットが入ってきた。家によってはトイレマットの上にトイレ専用スリッパがある。「インテリアグッズ」の名のもとに、あの狭いトイレ空間に次々と物が入り込んでくる。しかも、トイレマットなど、１枚だけでは足りない。数枚用意するとなれば、ストックの場所も必要だ。かくして、和洋折衷だからこそのトイレグッズが収納面でも幅をきかせることになる。

加えていうと、このトイレマット、以前ＴＯＴＯのアンケートを見ていたら、トイレで触りたくない物のナンバーワンだった。汚れていそうで気持ちが悪いということだった。が、そんなものを「インテリア」の名のもとに床に放置しておくから、トイレが臭うのだ。インテリアを排除して板がむき出しになった床は、トイレマットとスリッパのある床に比べてどれほど掃除しやすいだろう。もちろん、マットの撤去は、収納場所を広げるという意味での貢献も大きい。

こうして、和式と西洋式の混沌の中にある日本独特のインテリア感覚は、物を増やすことにも、収納の複雑さにも、残念ながら非常に大きく貢献していると言わざるを得ない。

5　行事好きの日本人、クリスマスツリーの後はお正月

第1部でも触れたが、アメリカではお正月を、クリスマスツリーを出しっぱなしで迎える。日本人が、25日が終わったとたんにバタバタとツリーをしまって、大掃除を終わらせ、新年のしつらえに切り替える……という話をすると、長年日本に住んでいる外国人の中にも驚く人は少なくない。へそ曲がりの私は、本来、日本にはクリスマスなんかなかったのだからやらなくてもいいのではないか、クリスマスツリーなど飾らなくてもよいのではないか、などと思ってしまったりもするのだが、子どもと暮らす日々の中で、クリスマスなし宣言をするのはそう簡単ではない。お友だちの家はクリスマスにライトアップをするのに、なぜうちはしないのかと言われる始末なのだから、日本の子育てでクリスマスははずせない。

それどころか、行事好きの日本人が、西洋のお祭りごとを取り入れる傾向は年々強くなっているように思える。典型は、10月31日のハロウィンだろう。先日、子どものころ過ごした渋谷近くの町に久しぶりにいったら、静かだった住宅街がハロウィンの飾り付けであふれていて驚いた。窓や玄関、門扉周辺にはパンプキンから魔女まで、オレンジと黒の飾りがとり

つけられていた。

最近は12月に入ると、家のまわりをライトアップするお宅も増えている。こうした飾りや年中行事は楽しい。楽しいけれど、飾り物を翌年も使い回そうと思うと、ストックしておく物が増えるのは避けられない。年中行事を積極的に楽しむということは、ある意味で物を増やすことに大きく貢献する。

そうでなくても、日本には出してはしまわねばならない季節のしつらえが多いと思っているのは私だけだろうか。典型は、おひな様と五月人形だ。さすがに、段飾りのおひな様を娘の人数分そろえている家はそうはないかもしれないが、男の子が2人いれば、鯉のぼりと兜《かぶと》という組み合わせが存在する家庭は多い。いや、少子化の昨今、一人っ子で両方持っているお子さんもいるだろう。

我が家も長男が生まれて実家から兜が届き、次男が生まれたときにもう一つ買うわねと実母から連絡があったので、「2つはいらない」と断ったことがある。「じゃあ、鯉のぼりにする？ それとも、金太郎さんのお人形でも」と母が食い下がる。最終的には、「鯉のぼり飾る所なんてないじゃない。金太郎さんが似合うようなインテリアは好きではないのでいりません」と断ったが、母は次男にも兜がないのは不公平だと思ったようだった。そして、最後に女の子が生まれたときは、待ってましたとばかりにおひな様がやって来た。

狭い都内の家に兜だけでも十分だと思っていたのに、もう一つ。出すのもしまうのもかなり手間であるばかりでなく、しまう場所の確保という点でも頭が痛い。おまけに、おひな様に関しては、一夜飾りはいけないだの、当日にしまわないと嫁に行き遅れるだのといった決まり事が、飾る側のハードルをさらにあげる。3月3日を過ぎてもおひな様が出ているところに人が来ると、「あら、まだ出しているの。お嬢さん行き遅れるわよ」と、暗に母親失格的なご注意を受けてしまったりもする。「うちは、旧暦でやっているから4月まで出しているのよ。せっかくだからね」なんていう言い訳も、4月に入ってしまえば通用しない。

子どもに関係する行事に関しては、孫の誕生を喜ぶ親心を無にできないと思いはする。が、しかし。借家住まいの若い親にしてみれば、小さい子の世話だけでも手一杯。季節のお祝いは、家ではやらずに済ませて、ジジババの所に出かけて行って済ますことができるとありがたいけどなぁというのが正直なところだった。

この他にお約束のお正月のしつらえに加え、最近では親御さんを亡くされたりお連れ合いに先立たれたりで、お盆の行事が大事になって、提灯《ちょうちん》などをそろえたという友人も増えてきた。

こうした季節行事は確かに、気持ちを和ませてくれたり、楽しかったりという意味で、重要だと思う。黙殺するより、多少の手間を覚悟でやってみた方が、結果的によかったと思えることも多い。

が、ちゃんとやろうとすれば、労力と時間だけでなく、それなりに飾り付けや道具が必要になる。毎年使い捨てにできれば、片付けるのは簡単だが、毎年の投資額は馬鹿にならない上に、ゴミもそれなりに出る。

だから、いっそ「季節行事は全部やらない」という潔《いさぎよ》さも一つの生き方ではあると思うが、それもさみしいので、そこそこ季節を感じつつ、少しは行事を暮らしに取り入れようと思うと、やはりそれなりにいろいろな物を抱えて日常を過ごさなければならないのも現実だ。

と考えると、やっぱりそうそう物は減らないようにできている。

（2）ミニマリストは変人？

1　アメリカでは変人扱いのミニマリスト

「ミニマリストの負の側面」（The Downside of Minimalism）というアメリカのウェブサイトがある（＊91）。実際にミニマリストを標榜している人たちが、どういうことを不便だ、あるいは困ったと思っているかを、本やホームページから抜粋してきたものだ。

そのトップに出てくるのは、「Zen Habit（禅ハビット）」というホームページの主宰者でミニマリストのレオ・バボータ（Leo Babauta）だ。バボータさんは、「最初はまわりから変な奴だと思われるかもしれない」と冒頭で言っている。家族や友だちには、自分のやり方をわかって認めてもらう必要があるし、まわりと違う自分でいるには、ちょっと勇気もいる、と言う。

3児の母で「Minimalist Mom（ミニマリストのママ）」というページを主宰しているレイチェル・ジョナートも「物を持たないライフスタイルを家族やまわりの人に説明するのは、かなり大変」だと言う。そこで人には、「うちにはいいけど、誰にでもあてはまるライフスタイルではないかもしれないわ」という説明をしているとレイチェル。物をある程度減らして暮らす快適さはどんな人にもあてはまるだろうと考えてはいるものの、それを主張すると、人によっては個々人のライフスタイルを批判されていると受け止める人もいるので、一般論化は避けているらしい。

日本では、断捨離中だと言うと、「素晴らしい」「偉いわ」という反応が多い印象だったので、アメリカでは変わり者扱いされるというバボータさんの言葉には、正直なところ、かなり驚いた。多民族国家で、同じ教室に目の色も髪の色も文化的背景もバラバラな人が学ぶアメリカの学校で育った人たちは、日本人に比べると、自分たちと違う人に対する許容量がかなり大きい。髪が縮れているからといって、学校に縮毛届けを出す必要もないし、茶髪だろうと金髪だろうと、それで文句を言われることはない。

キャンプなどで団体行動に加わらない子がいても、危険がなければ尊重される。「変わり者」の許容範囲が、日本に比べるとだいぶ広いのだ。日本では指をさされそうな人でも、

「まぁ、ああいう人もいるよね」ぐらいの範疇に入ってしまうというのが、まわりのアメリカ人を見たり、アメリカでのキャンプにキャンプリーダーとして日本の子どもたちと参加したときの印象だった。ＫＹな感じも、日本ほど問題視されることはない。

そうした環境の中で、ミニマリストに「まわりと違う自分でいるには、ちょっと勇気もいる」と言われると、それはかなり変人扱いされているんだね、と思わずにはいられない。

大学にもミニマリストの人はいる？　カナダの大学生に聞いてみると、「キャンパスで出会ったことはない」と言う。学生時代はお金がなく、主義主張を持ってミニマルを目指すまでもなく、生活はきわめて簡素だから……という話は、アメリカの大学生も、カナダの大学生からも出てきた。「ミニマリストっていうのは、経済的、社会的な地位のある人が、一つのライフスタイルとして提案するものだ」という意見もあった。食うや食わず、専攻によっては就職もかなり厳しい北米の学生の目には、ミニマリストは、豊かな経験を十分に積んだ上で、あえてそこから離れようとする恵まれた人の提案だと映るのかもしれない。

移民層を中心に、経済的に厳しい生活を強いられている人たちは、まずは平均的なライフスタイルに追いつくことに必死になる。みんなが持っている物は欲しいし、みんなが食べに行く店には自分だって行きたい。そういう人にミニマリズムは通用しない。これは、アジア系、アフリカ系移民の学生たちから出た言葉だ。豊かさの上に成り立つ、アメリカのミニマリズム。

日本のミニマリズムや断捨離はどうだろう。やはり、ある程度の物欲が満たされて初めて行き着くものなのだとすれば、非正規雇用者の拡大する若い層には、厳しい考え方ということになる。

洋服も家具も、自分らしさを探しながらいろいろな物を試し、失敗した先にあるミニマリズムはスタイリッシュかもしれないが、発展途上の若い人たちには、自分を試す機会を奪う、あまりありがたくない考え方なのかもしれない。

2　質素は美徳？

学校の校則で「華美なものを避ける」「華美ではないものを」という文言に出あったことのある人は多いだろう。服装規定などでお約束のように出てくるのは、この「華美なものはダメ」という考え方だ。

ちなみに「華美」の対義語は「質素」である。質素倹約といえば、享保の改革を断行した徳川吉宗。その精神は軍人勅諭に受け継がれ、「凡《およそ》質素を旨とせされは文弱に流れ軽薄に趨《はし》り驕奢華靡《きょうしゃかび》の風を好み遂には貪汚《たんお》に陥りて（＊92）」ろくでもないことになり、節操も武勇もその甲斐なく世の人につまはじきされるようになるぞ、と教え込まれた。そして、その精神は今でも多くの学校に受け継がれ、軍人勅諭のように「質素を旨とすべし」とまでは言わないまでも、「華美」はよろしくないものとして敵視されている。

第1部でも登場してもらった社会学者のアン・アリソンが指摘するように、よき母としての価値観が、学校教育を通して母親たちに刷り込まれていったとすれば、それと同時に日本の教育が刷り込んできたもう一つの価値観が、「華美はダメ。質素がよい」だろう。実現は難しくても、どこか心の中で「簡素な生活」を素晴らしいと無批判に受け入れてしまうのは、子どものころから、「華美はダメ。本当は質素な方が正しい」と、ことあるごとに刷り込まれてきているからではないだろうか。質素倹約が美徳として尊ばれるとすれば、その対義語である華美贅沢は敵なのだ。

簡素でまったく物を持たない暮らしは、アメリカでは先のミニマリストのバボータ自身が認めるように、変人扱いされかねない価値観だが、日本では多くの人が、そうした暮らしを「素晴らしい」と考える。それどころか、そういう暮らしを実践している人を「立派」だと賞賛し、それができない自分を卑下《ひげ》してしまったりする人さえいるのは、ひとえに「華美はダメ」と言い続ける日本の校則のせいではなかろうか。そして、その源流が、江戸から明治にかけて受け継がれてきた質素倹約の精神にあると思うと、なんだかな、と思わずにはいられない。

アメリカでは、ミニマリストが自分のライフスタイルについて言及すると、まわりの人は自己弁護をしたり、消費文化のどこが悪いといった議論になってしまうというが、「質素倹約が旨」の浸透した日本では、そうしたことはついぞ起こらない。起こらないどころか、質素倹約ができる人は一段上、できなかったら、できるようにならなくちゃというプレッシャーさえ感じる。それがどこから来るかといえば、みんなが学校で刷り込まれたであろう同じ価値観をがっちり共有してしまっているところからだ。

先に登場した、3児の母であるミニマリストのレイチェルは、子どもの一人に障害があることを告白しつつ、子どもたちとの日々の暮らしの中でのシンプルさの必要性を強調する。

「自分ではコントロールできないぐらいに物事が複雑になってしまうと、自分でコントロールできるように、できるだけいろいろなことをシンプルにしていかなくちゃと感じます。息子に障害があることで、私はミニマリズムそのものについて、また、その必要性について学びましたが、同時に息子が暮らしやすくするためにそれが必要だということも、学んだのです（＊93）」

レイチェルは、障害のある息子とその兄弟たちが気持ちよく暮らしていく方法の一つとして、ミニマリズムを取り入れている。それは基本的に便宜的な生活手法の一つであって、道徳観とは一線を画したものだ。

ここが、日本の断捨離やミニマリズムとは違うところではないだろうか。道徳的価値としての質素倹約が根深く浸透している日本では、あるべき姿としての質素倹約、道徳的に一段評価の低い華美贅沢という価値観になってしまう。

以前、学校見学をさせていただいたスウェーデンのゴットランドにある公立高校では、授業中のアクセサリー着用が禁止されていた。しかし、華美がいけないからではない。授業中に音がしたり、きらきら光ったりすると、本人も他の生徒も集中できず、授業の邪魔になるからだ。従って、休み時間にアクセサリーをつけることは認められている。生徒たちは、教室に入ると、アクセサリーを一つ一つはずして所定の皿に入れ、それを先生が預かる。授業が終わってからまた一つ一つつけて、次の授業の教室に行き、また一つずつ外す。

毎回それをやるのも、それにつきあう先生方もご苦労なことだと思ったが、本人の意志を尊重し、いろいろな価値観を認めるという意味では素晴らしい。「華美はいけない」「こんなものをつけて授業を受けるなんて」という先生はいないし、ましてや「華美に走る不良学生」などという認識も、どちらにもない。

華美も贅沢も質素も一つのライフスタイルだ、ととらえられる下地の上であれば、断捨離の実践者が偉くて、それができない自分は恥ずかしいなどという発想は出てこない。断捨離がいいという価値観もあれば、物がたくさんあってもいいではないか、ついでに言うならば、物がたくさんあっても、必要なときに必要な物が取り出せればそれでいいのではないかという価値観がベースにある社会でのミニマリズムは、日本の道徳観の絡《から》むミニマリズムより、ずいぶんと気軽なライフスタイルに見える。

3 禅僧の暮らしは快適か

2016年のロイターで、禅思想に影響されたミニマリズムが日本で広がりつつあるという記事が配信された（＊94）。全部がそうだとは言わないが、海外のブログなどを見ていても、ベジタリアンでミニマリストの中には「Zen」に影響されている人を見かける。その一人が、前出のカリフォルニア在住のレオ・バボータだ。彼の考える禅の習慣とは、日々のカオスな生活を簡素で配慮の行き届いたものに変えていくことだと言う。言い換えると、大切なものに意識を集中し、雑然とした日常の中では実現できないことを実現し、幸せを見つけるために、日々の生活の慌ただしさや雑然としたものを整えていくのだとも言える。

禅思想を紹介した元ユタ大学教授のパトリック・レノックス・ターニーによると、禅には簡素、不均衡、渋み、自然、幽玄、脱俗、静寂の7つの要素がある（＊95）。この中でミニマリストや断捨離派の人たちの目に特に魅力的に映るのは、簡素であり、自然だろう。「形式や習慣から解き放たれる」という意味での脱俗もまた、ミニマリストのライフスタイルや思想に大きな影響を与えているものと思われる。英語の脱俗とは「Break from routine」をさす。習慣の打破とでも言えばいいだろうか。こう言われると、日常の雑事と習慣、空気を読みながらの生活に追われる日々の中で、日々の習慣を打破し、形式から自らを解き放とうと言われると、とても魅力的ではある。

しかし、たとえば禅寺建仁寺の「禅の教え」（＊96）を実践しようと考えると、かなり厳しいものがある。簡素さやミニマリズムにあこがれて禅寺に修行に入ったら、私のような俗人は、だまされたとすら思いかねない。何しろ、禅のライフスタイルは、「寝て一畳、起きて半畳」が旨であり、「畳一畳が自分の画所として与えられ、就寝も食事も座禅もそこで行い、「持ち物は体にくっつけられるものだけ」なのだ。「寒い時に寒くなる。当たり前のことです。でも、暖房を入れたら、少しでは我慢できない。暑いときにも中途半端の涼しさでは満足できない。いっそのこと暑いときには暑い生活をしてしまえばいいんです」。

脱俗というのはそういうものかもしれない。きっちり一線を引かなければ、そう簡単にルーティンなど打破できるものでもないだろう。中途半端はかえってさらなる欲を高める。それならいっそ、そんなものには一切手出しをしない方がいい。そういう発想があることは理解できなくはない。しかし、日常生活にこうした発想を持ち込むことは、果たして本当に幸せにつながるのか疑問を感じる私のような俗人がそれなりの人数いても不思議はない。

以前、若いカナダ人の社会活動家たちと話をしているときに、「マザー・テレサは幸せか？」という話になった。ノーベル賞をもらい、世界中に知らない人はいないと思えるほどの超有名人。その一方で、日常の生活は白い作業着のみ。個人の所有物をほとんど持たず、スラムで修道生活を続けた生涯。一様にみな「素晴らしい」とは言うものの、自分がそうありたいかと言うと、躊躇するものがある。社会正義に燃えていても、すべてをなげうつことは難しい。

討論を聞きながら、彼女には宗教を通じた強い使命感があったからこそ、簡素な奉仕の生活を貫き通すことができたのだろうと思った。だから、中途半端な社会正義しかない私のような人間は、マザー・テレサのような生活はいかがですかと言われれば、「ノーベル賞にも名声にも縁がない、通俗的な今の生活で十分です」と思わずにはいられない。

同様に、禅僧的簡素な生活はいかがかと言われれば、やはり「遠慮しておきます」と思わずにはいられない部分が、残念ながらある。

4 「捨てる」と「譲る」の違い

ミニマリストにしても、断捨離を実践するダンシャリアンにしても、物を減らしていくことで、物への執着が減り、精神的に自由になるという話が出てくる。その根本にあるのは、日本でいえば「もったいない精神」に培《つちか》われた「何でもとっておく風潮」にあるという考え方は、辰巳渚さんの『「捨てる!」技術』(宝島社新書)のころから一環している。手放さないから物がたまり、とっておくから家の中にものがあふれる、という論旨だ。

だが、「もったいない」のは捨てることであって、手放すこととはちょっと違うように思うのだ。

　些細《ささい》な例だが、昔は「お下がり」なるものがあった。まだ着用には耐えるけれども、もう入らなくなった子ども服などは、着られる子どものいる家に「お下がり」として回っていった。お下がりを着るのは子どもにとってごく普通のことで、恥ずかしいことでも何でもなかった。むしろ、母のバーゲンにつきあわされずに済むお下がりは、私にはとてもありがたいシステムだった。

　そうやって育ったせいか、今でもお下がりはあまり気にならない。顔にそう書いてあるのか、あるいは、いつもお下がりくさいものを着ているからか、大人になってからも、「よかったら着て」とお下がりを頂戴することは多い。

　お下がりが日本特有のものではないことを知ったのは、最初の妊娠のときだった。学生時代のヨーロッパ旅行先のユースホステルで仲良くなったドイツの友人から、マタニティーのお下がりが届いたのだ。マタニティードレスが必要なのは、妊娠中のわずか数ヶ月。とはいえ、毎日同じ洋服で仕事にでかけるのは、妙に気分のふさぐものだった。彼女が送ってくれたドレスやズボン類は、長いお下がり人生の中でも最もありがたいお下がりだった。

　その後、生まれたのが男の子だとわかると、今度は彼女の息子が着た衣類とおもちゃが、海の向こうからやって来た。

ところがこれが、家庭内物議を引き起こした。大事な初孫がいつもお下がりを着ているのはみっともない、情けない、なぜ安く新品を買えるのにお下がりを着せているのか、という話になったのだ。ドイツの子供服は、昔ながらのアップリケなどがついていてかわいいし、しっかり作られていて、新米母の私には重宝だったが、ブランド物でもなければこれといったロゴもない。流行に左右されないといえば聞こえがいいが、昔ながらの古くさいデザインだと思う人もいるわけだ。

バブルの前後から、豊かになった日本では、新品の方がいいという価値観が優勢になって、以前ほどお下がりは一般的でなくなった。と同時に、下手な物をあげると迷惑がられることも出てきた。ほしいと言っていないのにあげるなんて、余計なお世話だ、という声もある。

こうしたアンチお下がり的な意見は、コミュニケーションをきちんとすることで解決する部分が大きいと個人的には考えている。しかし、その一方で、地元のコミュニティーが形骸化し、生活の様子がわかって気軽にコミュニケーションできる人が減ってきているという問題はある。

コミュニティーの中に気心の知れた知り合いがある程度いれば、「これ、いりませんか?」

と聞くこともできるだろうし、そこまでいかなくても、「〇〇が余っているんだけど、必要な人はいませんかね？」という相談くらいはできそうだ。ところが、昨今では、そうしたご近所井戸端会議がなかなか成立しにくくなっている。

以前、知人が、アメリカ人の家で調理をした際に、卵がないことに気づき、「買いに行ってくる」と言ったところ、家の主に「お隣りで借りてくれれば？」と言われて驚いた、と言っていたことがある。「アメリカでは、何かちょっと足りなかったら、わりあい簡単にお隣りに借りに行くくらしいよ。日本ではあんまりしないよね」と言うのだ。

私が子どものころは、お味噌が切れちゃったからお隣りさんに借りてきて……などということがあったような気もするが、今は、なければコンビニに買いに行く。家によって調理をする時間もライフスタイルも違うから、お隣りさんに借りに行くことは、確かにない。都市部での生活では、貸し借りを含め、物を介在させたコミュニケーションはきわめて希薄だ。

コミュニティー希薄になると、断捨離するには捨てるしかない。海外経験が長い友人の中には、ガレージセールをやったり、フリーマーケットに出したりという人もいないわけではないが、少数派だ。しかし、もし、そうやって、コミュニティー内で気軽にやりとりできる人間関係やシステムがあれば、使わない物の一部は、なんとなく使いそうな人の所に流れていく。もらう側も、先方がいらないからくれることはわかっているから、用済みになれば気楽に捨てられる。

仕事や留学などで、短期滞在も多い東京の外国人の間では、「取りに来てくれればただであげます」というSNSがある。教えてくれたのは、突然仕事で母国に帰ることになったスウェーデン人の知り合いだ。「あそこに情報をあげておけば、最終的にはほぼ誰かが取りに来てくれるよ。ただであげるんだからさ」と言う。

気に入って買った日本的な家具は、捨てるにはしのびないが、高値で引き取ってもらうのは難しい。けれど、ただでと言えば、誰かしら手をあげてくれるものだ。彼は売れる限りの物をガレージセールで売り、残った物は、くだんの「あげます」掲示板で処分して、旅立って行った。

必要な人に自分の不要な物を譲る習慣は、日本人の間ではいつの間にかとても希薄になってしまったけれど、外国の人たちの間には、日本の中でもごく当たり前の生活習慣として根付いている。

5　一人の断捨離、家族の断捨離

断捨離の提唱者やましたひでこさんによると、断捨離の最大のコンセプトは「モノへの執着を捨てること」だと言う（やましたひでこさんの公式サイトより）。

一人暮らしだと、これは比較的容易に実現できる。本人さえ執着から離れられれば、それで済むからだ。ただし、家族と暮らしている限り、これはかなり厳しい。特に、3人、4人と家族がいたら、全員を断捨離を志願するダンシャリアンに仕立てあげるのは至難の業《わざ》ではなかろうか。

私の周囲でも、すっきりライフを標榜してメディアなどに登場している人の多くは、一人暮らし、もしくはせいぜい2人。2人の場合は息のぴったり合ったご夫婦か、強い意志のある母とその子という構成だ。二人三脚でダンシャリアンになるか、上下関係が明確で、上《じょう》意下達《いかたつ》のダンシャリアン家族になるかのパターンでしか、家族での断捨離は成立しないのではなかろうかと、個人的には思っている。

家族の年齢が低ければ低いほど、断捨離を推進するダンシャリアンの意志は通りやすい。

逆に、思春期の子どもたちをダンシャリアンに仕立てようなどと考えるのは、家庭争議のもとだ。リタイアしたパートナーのライフスタイルを、こちらの意向に合わせて変えさせようというのも、徒労に終わる可能性は高い。

なぜか。答えは簡単だ。みんな、自分の物を捨てるかどうかは自分で決めたいと思っているからだ。主婦ダンシャリアンの落とし穴がここにある。つまり、自分だけが断捨離しても、家の中は片付かない。かといって、家族の物に手を出せば、かえってもめ事が増えたり、せっかく断行した断捨離に文句を言われて、不快な思いをすることになる。

ちなみに、2009年にイケア・ジャパンが子どもを持つ共働き世代約1200人に行なった独自アンケートによると、約9割が「片づいていない部屋から得るストレス」を「感じている」という結果が出た（＊97）。また、2015年に明治安田生命が「いい夫婦の日」にちなんで行なったアンケート（＊98）では、夫から妻への不満の第1位は「整理整頓ができないこと」、妻から夫への不満の第2位が同じく「整理整頓」だった。

ここで、夫側からの不満としてよく出るのが、「仕事から疲れて帰ってきて、ゆっくりくつろぎたいのに、部屋が散らかっていてくつろげない」という話だ。妻が夫の不満として「整理整頓ができない」というとき、それは片付かない夫の物に対する不満だが、夫の場合、リビングが散らかっていることへの不満だったり、お風呂場が片付いていないことへの不満だったりする。つまり、家全体の片付けを妻に任せているわけだ。

もし、妻が断捨離に走って、家族の物もガンガン捨てて家族全員が感謝してくれるのであれば、何の問題もない。しかし、実際には、勝手に捨てられれば、夫をはじめとする家族の他のメンバーは怒り出すだろう。つまり、僕の物は捨てないで、でも、僕の物もきれいに片付けておいてね、というわけだ。

子どもがそんなことを言ったら、親は「捨てられないように、自分の物はちゃんと片付けよう」と言うのではないか。それをパートナーたる大の大人が妻に期待するのは、甘くはないか？　自分以外の人に片付いた家を作ってほしければ、「自分の物を処分されても仕方がない、片付けてくれることを優先させよう」と考えるか、自分の持ち物だけは捨てられないようにきちんと片付けるかのどちらかだろう。

そう考えると、散らかった家の責任を妻になすりつけるのは、いかがなものだろう。まずは、妻におんぶにだっこという前提を改め、個々人の物はそれぞれが責任を持って管理するところから始めたい。

妻の側も、自分が何もかもの責任者だと抱え込む必要はない。「散らかっている」と言われたら「まず、あなたの物を片付けてください」「子どもの物は一緒に片付けましょう」でいいではないか。

我が家でもなかなかコンセンサスがとれないが、調理器具など家族のために私が使う物は、私の物ではない、それは家族の物なんだから、みんなで片付けましょ、というスタンスで話をしている。アクセサリーや衣類、化粧品は私の物。そうやって線を引いていくと、妻が背負わなければならない物は、それほどに多くはないはずだ、と思われる。

(3) 捨てられない理由は、まっとうである——「もったいない」再考

1 厳しい時代を生き抜いた知恵「もったいない」

100歳になられるかなられないかというころの日野原重明先生(故人)と、とある福祉施設の設立50年記念講演会でご一緒したことがある。食事に気を配っておられた先生からは、

施設の方に事前に食事についての連絡が入っていたそうで、「これだけですか？」というほど少量のサンドイッチと紅茶が先生のために用意されていた。こうした連絡は、ご本人の健康のためであると同時に、用意されたものを無駄にしないためにも非常に有効だ。

ここ数年おつきあいのある、90歳を超えるイギリス人の元大学教授は、出されたものを一切残さない。健康だからできることだと言えばそうだが、舐《な》めるようにきれいに皿の上の食べ物がなくなるのを見ていると、物のない時代から戦争を経て生きてきた人たちは、日本人でもイギリス人でも物を残さないんだなぁと、毎回感心させられる。

今持っている物を無駄にするのは「もったいない」と思っていると、ついつい物が溜まってしまう。「いつか使うかもしれない」と物をとっておくのは、結局ゴミ屋敷につながる。じつは長らく私もそう考えてきたのだが、人生の先輩たちに接する機会が増えるにつけ、「もったいない」はいいことなのではないかと思うようになってきた。

たとえば、くだんのイギリス人の元大学教授の家には古いピアノがあった。本が山積みされ、ほこりをかぶったピアノを元教授が弾いていたかどうかは不明だが、驚いたことに、30年以上毎年きちんと調律をしてきたという。「最近は耳が遠くなって、ピアノも弾けないからどこかに寄付をしたい」と頼まれた。ところが、寄付先が見つからない。今時、調律その他で手間がかかる中古のピアノがほしい人などいないのだ。やっとの思いで見つけた寄付先は、送料をこちらが払うことが条件だった。下手な物をとっておくとろくなことにならない、そう思いながら、配送の手配をした。

ところが、ピアノの移動に来た業者が、「え、これをあげちゃうんですか？　これだけちゃんとメンテナンスしてあれば海外にいくらでも引き取り手がいるのに。うちで買い取りましょうか」と言う。海外では、電気を食い、壊れたらゴミになってしまう電子ピアノより、日本でしっかり作られた中古のピアノの方がよほど人気があるのだそうだ。そんな手があったのかと驚いたが、大切にメンテナンスし続けてきたものだからこその、サプライズだった。

そういえば、アメリカでの日本の軽トラック人気について仕事で調べたときも、同じような話が出てきた。しっかり作られて故障の少ない日本の軽トラは、丈夫で長持ち、しかも改造しやすく、メンテナンスも楽だと熱狂的なマニアがいるという。日本では農家の納屋に放置されている物も多いけれど、「こんなに便利なものはない！」という話だった。

我が家で活躍している和紙のちりとりは、使い始めて15年ほどになる。お店の人に「まだ、使っているんですか。そういう物持ちのいい人がいると、新しい商品が売れなくて困るんですよ」と苦笑いされるほど、持ちがいい。丁寧に作られた物は、丁寧に使えば長持ちする。

仕組みが単純なものは故障も少ない。

「もったいない」というのは、粗製乱造が始まる前の時代の考え方なのだろう。限られた材料でしっかり作った物を、メンテナンスしながら長く使うのが「もったいない」なのだ。現代の、安かろう悪かろうのものを、ただ捨てられないという話ではない。無駄にならないように、日野原先生のように自分にあった量や大きさに調整し、好みに合わせて手を加え、最後の最後まで使い切る（あるいはお腹に入れる）。そのための調整やメンテナンスの技術を覚える。そんな暮らしは、自分にぴったりのものを探して、安かろう悪かろうの買い物を繰り返す生活より、ずっと気分よく、長い目で見るとお財布にもやさしい暮らしに違いない。

2　お土産文化の功罪

アメリカ育ちの知人が、海外に出張に行く同僚に「お土産はいりません」と事前に言って物議をかもしたことがある。おまけに、「買ってくる場合は、チョコレートにしてください」と指定したので、事態はさらに悪化してしまった。まわりの日本育ちの日本人の同僚たちが、「お土産というのは、出張先でもあなたのことを忘れなかったという印に買って来るものだから、何を買ってきてほしいか指定するようなものではない。何をもらっても感謝するべきだ」と説明したが、知人は納得しない。話は平行線をたどった。

一方で、インターナショナルスクールに勤める友人のリンは、「日本人スタッフは、休暇でどこかに行っても、お土産っていって職員にお菓子を買ってきてくれたりする。最近は、日本人以外のスタッフも、まねをしてちょっと買ってきたりする。あれは、いい習慣だ」と感心しきりだ。日本のお土産文化というのは、どうも特殊なものらしい。

子どもが海外にホームステイに行くときも、学校や派遣団体から日本的なお土産を持って行くように言われることが多いし、日本の家庭はそれなりに頭を悩ませて、ある程度の金額の「日本的な」ものを用意するのが一般的ではないだろうか。アイデアに困ってイギリス人の知人に相談したところ、「おまんじゅうをいくつか持たせればいいんじゃない?」と言われたことがある。「でも、ヨーロッパの人には、おまんじゅうなんて口に合わないでしょう?」と答えると、「いいのよ。へぇ、日本人ってこういうものを食べているんだなっていう異文化体験ができれば、それで。おいしいかどうかじゃなくて、珍しい体験がいいんだから。口に合わなければ捨てるでしょ」と言うのだ。

口に合わなければ、捨てるでしょ、という彼女の一言は目から鱗だった。なるほど。確かに自分のテイストに合わなければ、お土産を捨てるという選択肢もありなのだ。だから、凝った日本人形などをお土産に持たせても、「日本好きで日本人形を飾るための棚があるような家でもない限り、ガレージセール行きになります。日本人のように、木彫りの熊の隣にハワイのフラダンス人形を飾ったりしない（＊99）」と言われると、確かにそうだろうとうなずいてしまう。そもそも、彼らには日本人のように「よろしくお願いします」と初対面の人に贈り物を渡す感覚が薄い。親しくない人からもらったものは、比較的惜しげもなく手放せてしまうに違いないと推察する。

ところが、「出先でもあなたのことを忘れなかった」という気持ちを重視する日本人には、なかなかお土産が捨てられないという人が多い。ホームステイで受け入れた子が持って来たマグカップを、10年後にその子が再度やって来たとき、「覚えている？　あなたが最初に来たときに持って来てくれたカップよ」などと見せてしまったりできるほど、物持ちよくお土産をとってあったりする。自分のテイストより、物をくれた相手の気持ちを優先する傾向が強いとも言えるかもしれない。たとえお土産であっても、いただきものを無下《むげ》に捨てたりできないのだ。相手の気持ちをくむのはいいことではあるが、これは、物がたまる一つの原因でもある。

断捨離関係の本やブログを読むと、お土産は「捨てようか」という思いが頭をかすめた段階ですでにゴミだといわれる。すでにあなたの重荷になっているのだから、捨ててすっきりする権利があるという説明が続く。テイストに合わないものはきれいさっぱりおさらばして、あなたのライフスタイルをエンジョイしましょうというわけだ。

そういう権利があることを悪いことだとは思わない。ただ、一方で、孫が移動教室のたびに買って来るキーホルダーを全部とってある実母の引き出しを見て、もう買って来たことさえ忘れていた当人が「おばあちゃん、全部とっておいてくれたんだよ」とうれしそうに笑っているのを見ると、捨てずにとってあることで、多少家が乱雑になることが、それほど悪いことにも思えない。10年後にホストファミリーと再会した子が、自分の持って来たマグカップがまだ使われているのを見て不快に思うことはないだろう。

「とっておきなさい」と言いたいわけではない。が、人の思いを受け止めて、物をとっておくこと自体は、それほど悪いことではないだろうとは思う。いろいろな人がお土産をくれるということは、それだけ多くの出会いがあり、多くの人が遠くにいても思い出してくれる人だったという、ある意味で勲章のようなものなのだから。

ただし、イギリス人の友人の話を聞いて以降、贈る側としては、贈り物は捨てられるものに徹するように、自戒はしている。差し上げるのは基本的には食べる物、飲む物で、数人が一度で食べきれる量、と。

3　「親に断捨離させよう」に思うこと

生前整理という言葉がある。一般社団法人生前整理普及協会によれば、「生きることを前提に、物・心・情報を整理することで、幸せなエンディングを迎える」のが生前整理だという。自分でやろうと思う人はよいけれど、物をためこむという生活習慣が身についた高齢者にとっては、「捨てる」ことは一大事だ。そこで出てくるのが、子どもたちによる親の物の断捨離だ。物がたまった状態で亡くなると、遺族は遺品の整理に追われて大変なことになる。だから、生前に親を説得して物を捨てて、すっきりした生活を始めましょう、というのが生前整理の流れからくる親の物の断捨離だ。

親の物の断捨離の説明としてよく出てくるのが、「現在、70代、80代のいわゆる後期高齢者の人は『もったいない』を美徳として育ってきた人たちだから、物への執着が強く、捨てられない」という話だ。亡くなってからの遺品の始末は、相続が絡むので、家族内でもめごとに発展する可能性もあるし、業者に持っていってもらうとなると、それなりのお金がかかってやっかいだ。だから、生きているうちにやっておいた方がいい、と話は進む。

お気持ちはごもっともだ。私自身、実家に行くと、どうしてこれほど物があるのだろうと思うし（ちなみに実家は我が家の倍以上の広さがあるのにそう感じる）、知り合いの90過ぎのおじいさんが老人ホームに引っ越す手伝いをしたときも、50年間一度も引っ越しをしたことがないと、一人暮らしでもこんなに物が溜まるんだなと驚いた記憶もある。

しかし、だからといって、残された者が後で困らないように先手を打ちましょう、という発想もいかがなものだろう。自分たちが先々困らないように、親を説得して物を片付ける……という発想に、なんとなく自己中心的なものを感じてしまうのは、私がひねくれているからだろうか。

実際に親が倒れるといった緊急事態になったときに、保険証など必要な書類にアクセスできないのは確かに大問題だ。そうしたことがないように、重要書類を一カ所にまとめて、その場所を共有するといったことは重要だ。

こういうことは、説明すれば納得してもらえるので、比較的実行しやすい。情報の一元化や共有は、親だけでなく、どこの家庭でも必要だが、それ以上に踏み込んで、親の物を親が生きている間に片付けることは、果たしてどれくらい意味があり、有効なのだろうか。

実家の父の書斎には、膨大な量の本がある。少しずつでも片付けてほしいという母の希望で、父と２人で本の処分に乗り出したことがあるが、１日かかっても、片付けられたのはせいぜい段ボール１箱だった。雑誌ですら、なかなか思い切れない父なのだ。しかも、最近はAmazonなどという新兵器があるので、本は増え続ける。せっかく段ボール１箱分を処分しても、次に実家に行ったときにはまた新しい本が届いているし、定期購読しているが封も切っていない雑誌も山積みになっている。何度かこれを繰り返すうちに、物が溜まる人は、どうやっても物が溜まるのだという結論に達し、本を捨てるのはあきらめた。

最近は、大学図書館が古本屋と提携し、古本を売るとその代金が大学に寄付されるというシステムがあるので、父が亡くなった暁にはそのシステムを使って本を処分し、父の母校に寄付するから、今処分するのはあきらめようと、母を説得した。相変わらず父の本は増え続けているが、本人はその中に幸せそうに座っている。片付かない本に埋もれて本人が暮らしたいなら、人生の終わり方として、それはそれでいいのではないかと思う。

物のない時代に生きてきた人たちは、物を調達するにも苦労をしてきている。だからこそ、捨てられないものもあるだろう。

戦争中、敵国の文化だからとどうしてもピアノを習わせてもらえなかった母は、親元を離れた大学生活でピアノを習い始めた。そのときに買ったピアノの教本は、とても粗末な紙でできていたが、大学生にとってはとても高価な一冊で、苦労して手に入れた母にとっては宝物だった。

後年私が同じ教本を使うことになったとき、母からページの茶色くなった本を「使ってね」と渡されて驚いた覚えがある。今思えば、大学生の彼女が、いつか娘ができたらピアノを習わせて……と夢見て、それが実現した瞬間だったのだろう。残念ながら、母が夢見たように上手に弾いて聞かせられる娘にはならなかったが。

鉄道写真が趣味という知り合いは、自分が撮りためた写真やスライドをコレクターの資料館に託した。公開することで、他の人にも楽しんでもらえるし、安全な状態で管理してもらえると言う。母の楽譜にしても、知人のピアノや写真にしても、大切に使ってもらえる人がいれば、喜んで手放せるという例だ。捨てると言うと抵抗がある物でも、引き取り手があれば手放しやすい。そうした引き取り手を一緒に探したり、手はずを整えることは、生前整理としては有効だ。

残ってしまった様々な物を、亡くなってから業者に一括して処分してもらうには、お金がかかるという考え方もある。しかし、生前に自分たちが親を説得し、一つ一つの作業をするにもそれなりの時間がかかる。時給換算をしたら、業者に頼むのと変わらないぐらいの時間と労力がかかる可能性もある。

そして、何よりも、根本的に生活習慣が変わらなければ、父の書斎のように、時間の経過とともに、せっかく片付けても元の木阿弥になる可能性もゼロとはいえない。

そう考えると、「立つ鳥跡を濁《にご》さずよ」と親を急《せ》き立てるよりは、まずは、本人にとって大事なものを、誰にどう手渡していくかを一緒に考えるくらいで十分ではないだろうか。

４　写真・ビデオ――思い出を捨てる人、とっておく人

まわりに何人か、断捨離を決行し、アルバムや写真、ビデオも処分した、という人がいる。いくつかそうした内容の本やブログも読んだこともある。きれいに処分するとすっきりするというのが経験者の意見。そうした「写真断捨離派」の人の多くは、「思い出は心の中にあれば十分」だとも言う。

彼女たちの意見を聞くにつれ、素晴らしいとは思うものの、やはり実行できない気持ちの

根底に、「写真は人と一緒に楽しむものだ」と思っている自分がいる。

子どもが生まれたときに作るアルバムは、いつか「あなたはこうして生まれてきたの」とまだ目も見えない我が子にいつか見せたいと思って作るのではないだろうか。私自身はそう思ってアルバムを作ってきた。子どもたちとはけんかもするし、怒ったりもするけれど、一緒に楽しんで一緒に笑いながら育ってきた記録を共有したいと思うからこそ、写真を撮り、アルバムを作ってきた。そう考えると、私の心の中にある思い出は共有できないという意味で、記憶にとどめるだけでは私にとって「十分」とは言えない。

写真は人と一緒に楽しむものだという考えは、大学時代にルームシェアしたアメリカや香港出身の友人たちや、その後の北米やヨーロッパの友人とのつきあいを通して身につけたもののように思う。

彼らの家や部屋に遊びに行くと、必ずといってよいほど家族の写真が飾られたコーナーがある。壁に飾られていることもあれば、テーブルの上の写真立ての一群のこともあるが、そこに子どものころの友人の姿や、若かりしころのご両親、おじいちゃま、おばあちゃまの姿がある。それを見ながら、彼らの来歴を聞くことは、友人をより深く理解することにもなるし、初対面である友人のまわりの人々との話の糸口にもなる。

彼らから学んだ「写真を飾る」という習慣は、我が家にそのまま受け継いで、部屋の一角に何枚か写真を飾ってある。人が来ると、やはり写真を見ながら、話に花が咲く。

写真を処分してしまうことのもう一つの問題は、私の記憶力が非常に不確かだということだ。たとえば、友人たちと長崎に行っても、いくつも教会を回っているうちに、頭の中でごちゃごちゃになってしまう。そんな状態だから、子どもたちの小さいころの顔など、覚えているようでも、写真を見て「あら、こんなにぽっちゃりしていたんだっけ」などということは珍しくない。

そういう意味で、記録をとどめつつ、人とも共有できる小型のフォトアルバムを利用している。最近は家族と旅行に行くと、薄いフォトアルバムを作って、デジタルデータは消してしまう。必要とあらば簡単に持って出られるので、実家に行くときに持参し、両親と一緒に見ることもでき、重宝している。

１年間のフランス留学を終えて娘が日本に帰国するとき、現地の高校の友人たちが、１年間撮りためた写真をアルバムにまとめて娘に持たせてくれた。本人にとっても宝物だろうが、日本で待っていた家族にとっても、娘の異国での生活を想像させてくれ、フランスの高校生に比べると妙に幼く見える娘の高校生活に思いをはせる貴重なアルバムになった。

息子も1年のアメリカ研修の後、ルームメートたちが枠の部分にサインをしてくれた写真立てを持ち帰った。これまた、在米中まったく連絡をしてこなかった彼が、肌の色の違う多くの仲間と共同生活を送ったことを伝えてくれる貴重な1枚として、サインの入った写真立てとともに、写真のコーナーに置いてある。

一方で、簡単に共有しにくいビデオへの思い入れが、私は比較的薄い。時代とともにビデオ機材が変わってしまったことで、編集や整理が難しくなったことも、思い入れをそぐ一因となっていることは否めない。

とはいえ、声が残るデータは貴重ではある。友人は、死期の近いお父さまが自分史を語る姿をビデオに残したという。ビデオデータは、vimeo や YouTube などで限定した人にだけ見せることのできるシステムもあるので、そうしたものを活用して整理していくのがいいのだろうか。

このあたりは、当面かさばっても、データを抱えつつ、日進月歩のデジタル技術と相談しながら、家族が長く楽しめる方法を模索したいと思っている。

5　直して使い続ける知恵

物があふれるのは捨てないからだ。もったいないと言って、直して使い続ければ、物は溜まっていく。逆に言うと、壊れた物は思い切りよく捨てて、次に行きましょう、という発想なしに、片付いた家は手に入らない。近年は、直すより買い換えた方が安い、性能もはるかによい、省エネという意味でも上……と、いやが上でも買い換えの方向に仕向けられるきらいがある。しかし、耐久製品などは、時代とともに大型化する傾向が強いので、安くて大きなものがやってきて、さらに場所をとってしまう、ということは少なくない。

テレビのモニター一つとっても、昔に比べれば薄型で場所をとらないという家電量販店の説明は嘘ではないかもしれないが、「今はこれでも小さい」と勧められた36型が、21型を使っていた我が家に来たら、たとえ薄くなったとしても大きくなった感じは否めない。

長らく使ってきた2層式洗濯機がおかしくなったときも、「いいモーターのがっちりしたやつに買い換えた方がいい。2層式はほとんど手に入らないし割高」と電気屋さんに説得されて全自動に買い換えたものの、厚みがあって重厚感は2層式とは比べものにならない。

「新しい方が便利だし、修理してもまた壊れれば二度手間だよ」と電気屋さんは口をそろえるが、便利かどうかは私が決めることだ。「買い換えると、サイズが大きくなっちゃって、かえって不便だという経験を今までに何度かしているし、第一、あなたの便利と私の便利は違うのよ。あと数年もつように修理してもらえればそれで十分なんだけれど」と思うものの、なかなかこちらの言い分は通らない。

かさばるものは、捨てるのも一大事だ。粗大ゴミとして持って行ってもらうにも、時間とお金がかかる。エアコンなど、業者さんを頼まなければ取り外しができないものもある。買い換えるならいざしらず、ちょっと取り外して捨てることがままならぬものは多い。不具合があって日常使うには不便だけれど、何かのときには役に立つかもしれないし、捨てるのも一大事だからちょっと置いておこうかしら……それが1年たち2年たち、いつの間にか汚部屋やゴミ屋敷への階段を上ることになる。

大物を買うときは、機能や値段以上に、どれくらい簡単に捨てられそうかを真剣に考える必要がある。不燃ゴミで簡単に持って行ってもらえそうなものはともかく、大型の物は捨てるだけでもそれなりにお金がかかる。誰かに引き取ってもらうといったところで、運び出すのは一大事だ。買うときは、いったいそれが何年くらい機能しそうか、ダメになったらどうやって捨てればいいかといったことまで思いを巡らせてから決断しないと、後で処分に苦しむことになる。

そう考えると、自力で手入れできたり、まわりに直してもらえたり、いざとなったら自力で分解できれば、必ずしも物が増えることにはつながらない。

結婚した当初買った包丁は、しばらく使ううちに切れが悪くなってきた。シャープナーを使っても、思うほど切れ味は戻らない。そこで、1本買い足した。その後、包丁研ぎ教室に参加する機会があり、きちんと包丁を研げるようになったら、「切れが悪いから、もう1本ほしい」と思うことはなくなった。それどころか、先日包丁をいただいたときは、「2本もあるんだからいらないんだけどな〜」と思った。たいした料理をするわけでもないから、家に包丁なんて1本あれば十分だ。果物ナイフも出刃もいらない。切れが悪くなったら、研げばいい。そうやって同じ包丁をかれこれ二十数年使っている。

最近はやりのお掃除ロボットも、便利そうだなぁとは思うものの、寿命がどれくらいのものか、壊れたら簡単に直せるものなのかといったことを考えると、なかなか手が出ない。我が家はもう何年も掃除機はなく、箒《ほうき》とモップで生活をしている。モップはぼろ布を挟んで拭いていれば、使い捨てできる。安物は取っ手が簡単に壊れてしまうので、モップ本体は多少高くてもしっかりしたものを買っておけば、基本的にはメンテナンスフリーだ。掃除機のように場所もとらず、フック一つで扉にかけておくことができる。

箒の方も、停電でも掃けるし、ゴミのパックの入れ替えも不要だ。使い始めて20年近いが、もちろん壊れることもなく、機能が衰えることもないので、買い換え需要を感じることもない。中国製は簡単に壊れてしまって、捨てざるを得なかったけれど、日本の職人さんが作ったものは、よく作られていて掃き心地もよい。買うときに確認をしておけば、壊れたときには職人さんに手直ししてもらうことも可能だろう。我が家でも、値段はそれなりにかかった分、愛着もあり、大事に使っている。

ちょっと高くても直せるものを買って、大事に直しながら使っていけば、さらなる機能を求めて衝動買いをする回数も減ってくる。余計な物が家に入ってくることも減るし、次に買うときも吟味《ぎんみ》して、納得の一つを手に入れて、またそれを長く使うことになるだろう。

新しくて安いものは、手に入れるのは簡単だが、壊れるのも簡単なことが多い。そういうものに頼らずに暮らすことで、少しずつ生活を見直していくことはできないものか。

（４）断捨離の行き着くところ

１　究極の断捨離

断捨離したいものはなんですか？　というアンケートに「夫」と答える女性は多いらしい。女性誌『クロワッサン』（２０１７年1月10日号）のアンケート結果もそうだったし、断捨離の提唱者であるやましたひでこさんも、ご自身が実施したアンケートで同じような結果を得たと数年前に書いておられた（＊100）。ためしに、20代の女性何人かに、「主婦が断捨離したいもののトップって何だと思う？」と聞いてみた。「台所にある不要品？」「子どものおもちゃ？」実家を頭に浮かべているのだろう、散らかっていそうなものがいくつもあがる。中には私の体をちらっと見て、「昔着てた洋服ですかね」という感じの悪い答えもあったが、人間という答えは出てこなかった。

だから、「トップは夫らしいわ」と言うと、一様に口がぽかんとあいてしまう。これから結婚しようという20代には、20年、30年と一緒に住むうちに捨てたくなるほど夫がうっとうしく思えてくるのが夫婦生活だなどとは、思いもよらないだろう。

ここ数年続けている江東区の男女共同参画センターが主宰するパルカレッジ講座の講義で、最後に上映しているビデオがある。アメリカ在住とおぼしきいろいろな人種の人たちに、職業あっせん業者が新しい仕事について説明する職探しのビデオだ。応募者は、アフロアメリカンと呼ばれる黒人女性、インド系女性、ヒスパニックとおぼしき男性、白人男性、アジア系女性……と様々だ。

業者が、「これはとても重要な仕事です。肩書きは現場総監督。流動的な仕事で、作業のほとんどは立ってします」と説明を始める。説明が続く中、「業務は何時間ぐらい続くんですか?」「お昼休みはどれくらい?」といった質問が出始める。「原則的に休みはないと思ってください」と担当者。「でも、時には座ったりできるんですよね?」「休憩ですか?　基本的にはないと思ってください」「そんな仕事、合法なんですか?」

説明が続くにつれ、次第に参加者の顔が曇ってくる。「食事は?」「同僚の後にとることができます」「それはひどいね」「ありえない」「大変そうね」と、仕事の説明に参加者たちは否定的な反応を示す。担当者はそんな反応にはお構いなく説明を続ける。「時には徹夜ということもあります。大切な仕事なので、プライベートの時間はある程度あきらめていただく必要があります」

とどめは給与の話だ。無料奉仕だと言ったとたん、「ありえない」「ひどいジョークだ」と、参加者が次々に不満を口にする。

「でも、現実には何十億という人がこの職務を遂行しているといったらどうですか？」

「誰？」口々にたずねる応募者たち。

「お母さんたちですよ」

意外な答えに不意を突かれて、誰もが言葉を失う。「そうだった、お袋はそうやってくれた」と天を仰ぐ人、「ママ、ありがと！」とカメラに向かって叫ぶ人。様々な反応をカメラがとらえる。「どんなことを思い出しましたか」と尋ねられて、思わず涙ぐむ女性が画面に映し出され、「母の日です。お母さんに感謝を」とビデオは終わる。

見ている受講生の中には、涙が止まらなくなってしまう人が多い。「日本のお母さんはもっと頑張っているんじゃないかと思います。肩の力を抜いて適当にサボりながらいきましょう」。そう言って、受講生たちを送り出すのだが、彼女たちの感想の中には、「そうだ、全部家事を自分でひっかぶらなくてもいい」「少し家事の棚卸しをしてみよう」という声にまじって、「私の家族はあのビデオの参加者のように私の苦労を感じてくれているのだろうか」「ああやって感謝されてみたい」という声が毎年のようにある。

自分の努力に夫も子どもも気づいてさえいないんじゃないか……そう考えている女性が1割程度はいるのだ。そりゃぁ、やりがいも感じないし、夫を捨てたくもなっちゃうよね。そういう感想に出あうと、そう思う。

家事をきちんとやっていることを家族に一番アピールしやすいのが、家庭内の整理整頓だろう。家が片付いていると、まわりからもきちんと家事をしていると認めてもらいやすく、本人の視覚的充実感も大きい。

おまけに、日本では、片付いた家が維持できない主婦は「だらしがない」と断罪される。掃除にしても、床を丸く掃く男は「まぁ、男の人はしょうがない」と流されても、女性だと「あの人は床を丸く掃くのよ。気持ちが悪くないのかしら。だらしがない」と、掃き方の技術の話の前に、その人の性格が問題になってしまう。

なぜ、家が片付かないだけで、ダメ人間扱いされるのか。

「家事ができないと、人格まで否定するような言い方をするのは日本だけじゃないでしょうか？」

修論の指導教官にそう言うと、確かにそういう部分はあるかもしれないね、という返事だった。彼のパートナーは日本人ではないが、それでも、日本の社会にいる間は、家事をちゃんとやらなければというプレッシャーを感じているらしい。そんな雰囲気を感じるし、日本にいる間は自分がやらなければと思っているようだというのが彼の観察だった。

それはおそらく、日本では、家事をちゃんとやる主婦がまっとうな女性だといった社会的評価を感じるからかもしれない、といって教授も私も納得したのだが、そう考えると、世の断捨離ブームもよく理解できるし、はまっている人に女性が多いのも納得できる。

２　数に追われるミニマリスト

先に紹介した「ミニマリストの負の側面」というウェブサイトで複数の人が指摘しているのが、捨てた物の数にとらわれすぎることだ。生活をシンプルにすることを目的に、本当に必要な物以外を手放すのがミニマリストのライフスタイルだが、物を捨てているうちに、より多くの物を捨てることが目的になってしまう。こうなってくると、持たないことの自由を楽しむというよりは、物を増やすことへの罪悪感も強くなってくるようだ。

日本でも、特に洋服などは、「目標値を設定するとよい、減らせば減らすほど、服選びやコーディネートが楽になる」と勧める本やブログは多い。ただし、中にはやりすぎて、結局あとで必要な服を買い足すことになったという経験をしている人もいる。

また、こうしたミニマリズムや断捨離は、基本的に「家族の物に手を出さない」が原則だ。特に子どもがいる間は、捨てることを教えるのも重要かもしれないが、お下がりなどとして、あげたりもらったりしながら、無駄なく衣類を着回したり、辞書や本を共有したりする知恵を子どもに渡すことも忘れたくない。捨てることだけが解決ではないこと、また、吟味したものを長く使うことも伝えたい。

そう考えると、家族持ちのミニマリズムは、本当に難しい。

知り合いで、断捨離にはまり、本当に暮らしをすっきりさせた女性がいる。自分の衣類だけでなく、子どもが小さいころに着ていた衣類や台所のものはもちろん、この際だからと、アルバムなども全部処分してしまったそうだ。もう、息子さんたちも大きくなって独立しているので、子どものころの工作などもとっておいても仕方がないし、写真を見ることもないからと思って、捨てたの、という話だった。

「ついでに、夫のことも断捨離しちゃったのよ」と彼女は笑っていた。物への執着がなくなって、生活がどんどんシンプルになっていくと、同じ価値観、同じライフスタイルの人とでなければ共同生活は難しいのかもしれない。

家族が育つ間の家庭は、どうしても物が増え、雑然としがちだ。それが全部妻のせいだと言われると、「違う、散らばっているのは私の物ではない」と釈然としない気持ちになる。が、そうした雑然とした中で、お互いに物を貸したりやりくりしながら、折り合いをつけることを学ぶことも、子どもにとっては大事だろう。小さいころの写真やいくつかの思い出の品は、愛されて育ってきたことを思い出したり再確認する上でも、とっておくのは悪くないようにも思う。

いつかは断捨離！　そう思いながら、雑然とした部屋にほぞをかみながら暮らすのはつらい。いっそ、これは私のせいではない。みんながすっきり暮らすための必要悪なのだと開き直ってしまってはどうだろう。その際、散らかっていると多少の文句を言われようと、気にしない。家族の形態が変わっていくように、徐々に持ち物も変わっていく。自分で何もかもを管理するのが大変になるほどまでには物を増やしすぎないように暮らしていければ、大量の物を捨てなくても、捨てた物の数を数えて記録を更新し続けなくても、よいのではないか。

そんな気がする。

(5) 目指すは「おばあちゃんの家」の居心地のよさ

1 生活感を消したい⁉

生活感のない部屋がはやっているという。「ホテルライクな部屋」などともいうらしい。ホテルのように機能的で無駄のない部屋が「おしゃれ」なのだという。ミニマリストの「何もない部屋」というのが基本のコンセプトだ。

この傾向は日本だけではないようで、minimalist room と入れて Google で検索すると、欧米のミニマリストのインテリア事例などがいろいろと出てくる。ＩＫＥＡも英語の公式サイトで、ミニマリストの部屋を提案するくらいだから、世界的なトレンドではあるのだろう。

この傾向に比較的早い時期に警鐘を鳴らしたのが、イギリスの新聞『ガーディアン』紙だ。

同社のコラムニスト、アナリサ・バービエリが２００８年10月18日付で、自らの家の失敗をもとに、心地のよい家についてのコラムを書いている。この中で、バービエリはケンブリッジ大学建築学の元教授ピーター・キャロリンの研究から、家の基本的な要素として次の４つをあげている。

・安全だと感じられること
・避難所であること
・暖をとったり調理をするための火があること
・眠るためのプライバシーが確保されていること。

安全だと感じられるというのは、気持ちが落ち着くととらえてもいいかもしれない。避難所であるためには、緊急時にある程度の対応がつくストックが蓄えられることも必要かもしれない。インテリアよりも何よりもこうした機能が優先されるべきだが、最近はインテリアなどの方が重視され、避難所などの基本的な機能がおざなりにされているとキャロリンは指摘する。

日常に必要な物だけでなく、ある程度の緊急時の蓄えもストックすることを考えると、家の中に物が入ってくるのは避けられない。物が増えれば雑然としてくる。そうなると、不要な物を処分して、すっきり何もないミニマリスト的なインテリアに走りたくなるでしょう。でもそれは考えた方がいいわよ、とバービエリは言うのだ。

心理学者であり、BBCラジオのパーソナリティーでもあるクラウディア・ハモンドによると、「20年ほどの研究の結果、人間は、人工的な居住空間より、自然をベースにした居住空間を好む」ことがわかってきたという。これはおそらく、安全だと感じられる、居心地がいいといったことに結びつくのだろう。

単純に、イングリッシュガーデンと枯山水を比べた場合、心地よさ、安心感はどうだろう。雑然とした中にいろいろな草花が息づくイングリッシュガーデンと、水までも石で表現してしまう哲学的な枯山水。アートとしては枯山水の方が上かもしれない。しかし、毎日眺め、手入れをすることを考えると、生活になじみそうなのはイングリッシュガーデンではないだろうか。

その理由を、九州大学の佐藤方彦《まさひこ》名誉教授は「人間が人間になってからの500万年の間、人間が生活してきたのは自然環境でした。人間の歴史の中で都市が出現したのはごく最近のことです。（中略）太古の野生の森や草原に生きた脳をもって、私たちは今日、都市生活を営んでいるのです（＊101）」と説明する。だから、自然要素を感じられる環境だと人は安心し、心が落ち着くのだ。

イギリスの Academy of Neuroscience for Architecture（建築神経科学学会）のディレクターであるジョン・ジーセルは、「リビングを真白にして、金属とガラスだけを使うと、暖炉と座り心地のいいソファーのあるリビングとは感情的に異なる効果がもたらされる（＊102）」ことを認識すべきだ、と警告する。

『ガーディアン』紙のバービエリは、中にはあえてそうした環境に身を置くことがよい人もいるので、警告はあくまで一般論で、万人に当てはまるわけではない、とは言っている。が、一方で、枯山水や禅的簡素さは、修行の場、宗教の場にこそふさわしいというのも、実際のところだろう。日常生活をそこにもっていってしまうことで、気づかぬうちにさらなるストレスを抱え込むことも、ないとはいえないだろう。

2　ナンシーさんに学ぶ「片付いてないのにすてきな家」

断捨離、ミニマル、シンプルライフがもてはやされ、一方で、手づくり、丁寧な暮らしが尊ばれる日本。その中にあって、海外に日本の昔ながらのライフスタイルを紹介し、注目を集めている人がいる。日本のメディアでも注目され、女性誌などに取り上げられているのは、ナンシー・八須《はちす》さん。埼玉の有機農家に嫁いだアメリカ人女性だ。

私が彼女を知ったのは、翻訳の仕事を通じてだった。海外に日本を紹介するテレビ番組の翻訳に携わっていたとき、彼女が日本の調理法を教える人として登場した。昔ながらの日本家屋に住み、「日本の調理法はそれなりに理由があって手順が決まっている、でも、場合によっては私流にやることもある」とする彼女の説明には非常に説得力があった。

海外に紹介される際の日本の所作は、型を重んじることとその美しさばかりが強調されがちだが、「そこまでやらなくても」ということもあれば、アメリカ人の目から見ると不合理に映るところもあるだろう。彼女はそのバランスをとりながら、実生活においても、閉鎖的とも見える日本の農家で外国人の「嫁」を続けてきている。

ひょんなことから、彼女の取材に同行させてもらう機会を得て、埼玉にある彼女の自宅へうかがった。古い農家を改築したという建物に、雑誌の編集者女史たちを始め、入る前から「すてき！」とテンションが上がる。

古い農家をセルフリノベで改装したという家は、土間に入ったとたん、大きなアイランドキッチンが広がる。自分たちで作ったというアイランドキッチンは、アンティークの棚の上に重厚なテーブルトップ。奥に控える大型のガスコンロやオーブン、食洗機はアメリカからやって来たのかしら、という大きさ。それがなんとなく和の中にしっくりおさまっているのは、壁などのたてつけが日本家屋のそれであり、引き出しその他の造作が日本のアンティークだからだろう。機能的なアメリカのものを上手に日本の家におさめてみました、という感じの作りになっている。

奥の畳の部屋への上がりかまちには、木のテーブルと、いろいろな形の木の椅子。欧米の家だと、ダイニングテーブルと椅子はバリっとそろっていそうだが、ここにあるのは木製、そして、おそらくは八須夫妻のめがねにかなったという共通項を持つ個性豊かな椅子だった。「数が足りなかったら奥から持って来るわ」とナンシー。オープンキッチンに面した奥の部屋にもテーブルと椅子があった。広い広い農家の家に、個性豊かな家具がずらりと並んでいる。欧米のテーブルセットというのは、ふつう食器も見事に統一されている。日本には銘々《めいめい》皿《ざら》というものがあるが、そのように、形は同じだけれど柄は全部異なるというパターンは珍しい。そういう意味では、この家は和洋折衷、洋の中に和のコンセプトが、和の中に洋の機能性が見え隠れする。その絶妙なバランスに、一同、「おしゃれ」「いいわね」と感嘆しきり。

ナンシーの家には「大好きで骨董市で買い集める」という片口《かたくち》やすり鉢が所狭しと置かれ、アイランドテーブルの上にはこだわりの調味料の数々が並ぶ。言ってみれば生活感ありありのキッチンだ。ふだん、女性誌で「おしゃれ」とほめそやす無機的で生活感のない空間とはかなり様子が異なる。女性誌を担当する辣腕《らつわん》編集者や女性誌で記事を書いているライターの面々が、じつはこうした家を「おしゃれ」で「すてき」だと感じるということの方が、私には興味深かった。

彼女の家が、キッチンメーカーのショールームのようだったらどうだろう。誰も彼女の家をすてきだとは思わなかったに違いない。彼女の家がとても魅力的なのは、おそらく、ダンシャリアンがNGとする「もったいないからとっておかれた」骨董品、言い換えれば古い物を、アメリカ的な機能性とマッチさせて、うまく和洋折衷が実現しているからだろう。ハーブ研究家としてそのナチュラルなライフスタイルが絶大な人気を誇るベニシア・スタンリーさんのおうちとて、断捨離からはほど遠い。やはり和の中にイギリス人らしさがまじるから「すてき」なのだ。そこに見えるのはホテルライクからはほど遠い、キャロリンが家の要件として提示した、安全で居心地がよく、火の暖かみを感じられる生活ではなかろうか。

3　人を受け入れる度量

ナンシーの家は、確かに住み手のこだわりを感じさせる。アンティークに夫婦で手を加えたという、キッチンのアイランドテーブルの下の食器棚もその扉も、どうぞと出された椅子も、しつらえられたテーブルも、すべて使い込まれた木でできている。飲み物の注がれたガラスのコップは、手縫いであろう綿のコースターと一緒にテーブルの上に。床の上に無造作に置かれた大小のすり鉢や片口は、先ほども書いたように、ナンシーが骨董市で買い集めたもの。「大好きだから、いいのがあるとつい買っちゃう」。

どの一つをとっても、長い間の使用に耐えてきた、頑丈な、昔ながらの素材でしつらえられた家具と道具たち。これらに囲まれた空間は、おばあちゃんの家という言葉を思い出させる。過去からの遺産を引き継ぎ、生活の中に取り入れる。女性誌が大々的に彼女のライフスタイルを取り上げる所以《ゆえん》はこのあたりにあるのだろう。

ナンシーの、キッチンや物との関わり方を見ていると、豊かだなぁと思う。華美ではないかもしれないが、質素倹約の対局にあるものだ。好きな物は、積極的に手に入れる。持ち物を必要最小限にとどめることはない。先人の知恵や暮らしぶりを捨ててしまうのではなく、昔から人々が使ってきた道具を引き継ぎ、暮らしに取り入れて使い込んでいく。一方で、自分のやり方に合わないものにこだわることなく、合理性を優先する。オーブンその他はアメリカンサイズのものが置いてある。

それと同時に、家族が作った陶器なども、どんどん暮らしの中に取り入れていく。人によっては、子どもの作った物は、私のおしゃれの基準に合わないからと、しまいこんでしまいそうだけれど、彼女は「いいでしょ？　これ息子が作ったのよ」と楽しげに料理を盛りつける。もちろん、本格的に習って作ったすてきな陶器ではあるけれど。

彼女のライフスタイルがすてきなのは、どうやったらまわりにおしゃれだと思ってもらえるかと周囲の目を意識することなく、自分の暮らしに自信を持って、好きな物を好きなように取り入れて暮らしているからなのだ。お友だちが来るからと、開かずの間にがらくたをすべて押し込んで、整ったリビングで磁気のティーカップに紅茶を注ぐような、付け焼き刃のおしゃれさとはほど遠い。こんなに丁寧に暮らしています、と頑張っている感じももちろん、ない。

お構いはしないけど、どうぞいつでもいらっしゃい、と日常の中に相手を招き入れてくれる、気取らない、温かな時間の流れる家。物がたくさんある、生活感ありありの暮らしが感じられる家でもある。息子さんたちも、英語を習いにくる子どもたちも、二匹のかわいいわんちゃんたちも、取材にくる人たちも、家にやってくる人をはじくことなく、誰もが好きな椅子に座って、そこに流れる時間を楽しめる。そこには、会話があり、笑いがあり、人との行き来がある。

結局のところ、日々の暮らしが豊かですてきかどうかは、物をたくさん持っているか、あるいは、いかに物を減らしたかで決まるわけではない。どんな凝った物を持っているかが大事なわけでもなければ、おしゃれな物がそろっているかという話でもない。丁寧にすべての家事を引き受けて頑張ることでもなければ、伝統的な日本のライフスタイルを体現することでもない。

自然体のナンシーが実践しているように、大切なのは古い価値観に振り回されず、自分の生活に自信を持って暮らすことではないだろうか。言い換えれば、家族や周りの人と食べること、しゃべること、笑うこと、休むこと、そしてその準備という家事を含めた日々の暮らしを自分らしく楽しむことなのだ。そういう人が住む家は、物が多くても少なくても、居心地がいいに違いない。

ちょっと、通りかかったから寄ってみたの、と縁側にいったら「あら、いらっしゃい」と言ってくれる、そんなオープンな気取らない温かさ。おばあちゃんたちはそれを実践していたから、おばあちゃんの家は居心地がよかったんだなぁ。おばあちゃんの知恵をしっかり今に受け継いだ八須家にお邪魔した最大の発見はそこにあった。

あとがき

「あなたは女性ですね。日本で女性が人間になったのは、いつからか知っていますか?」

これは、若いビデオクリエーター、ミキ・デザキが作っているドキュメンタリーフィルム『主戦場』に出てくる元日本兵の言葉だ。なぜ、従軍慰安婦に対して日本兵が罪悪感を感じなかったと思うかと繰り返し尋ねるインタビュアーに、突然投げつけられた問いだった。若いインタビュアーがおずおずと答える。

「戦後……ですか?」

「そうですよ。戦後です。それまでは、女性は選挙権もなく、人間以下だったんです」

日本人の女性だって自分たち未満、人間より下だと思っていたのだから、外国の女性はもっと下で当然だというのが当時の価値観だったというのが、元日本兵の説明だった。私はミキのテープ起こしを手伝っていて、この発言に出あった。衝撃だった。

衝撃的な発言ではあったが、どうして日本ではこれほど家事の分業が進まないのかと考え続けてきた私にとって、これはある意味納得のいく答えだった。戦後の新憲法制定で日本政府の抵抗の強かったものの一つが女性の権利であり、当時の政府は「日本には、女性が男性と同じ権利を持つ土壌はない。（＊103）」と一蹴しようとしたことはよく知られているが、本当につい数十年前まで、女性は二等市民、単なる労働力だったのだと、この言葉が改めて実感させてくれたのだ。

そして、昭和30年以降、女性の社会進出に伴う食文化の崩壊や核家族化の進行を、国が様々な白書を通じて批判し続けているのを読んでいくと、政府がやっきになって女性の社会進出を食い止め、女性という家事労働者を家庭にキープすることで、仕事に集中する男性労働者を確保し、高度成長を目指してきたのだなあと納得せずにはいられなかった。

21世紀もすでに5分の1近くが過ぎ、高度成長期ははるか昔になったのに、日本文化の名のもとに形成されてきた「家事は女性が」「育児はやっぱりお母さん中心で」といった価値観は、今でもなかなか崩れない。子どもが学校でトラブルを起こせば、共働き家庭ではまず母の携帯が鳴り、熱を出したといえば「お母さん、お迎えに来てください」と連絡が来る。育休で1年休めるのはよさそうなものだが、大学で1年休学すればみんなと一緒に卒業はできない。2人産んで妻だけ2年休んだら、同期からどれほど遅れることか。

男女同権が憲法に明記されてからすでに70年。そろそろ、女は家事ができて当たり前という呪縛から、男も女も離れてもいいのではないだろうか。女が家事ができないことは恥ずかしいことでもなんでもない。できません、と言って誰かに手伝ってもらえれば、気持ちも体もずいぶん楽になるのではないだろうか。

そんな事例を思いつくまま集めてみたのが本書である。読んでいただいて、そんなに真剣に家事をしなくてもいいかと思う人が増えるといいなあと、密かに期待している。

末筆ではあるが、常に前向きなコメントで励ましてくださった光文社新書の草薙麻友子副編集長、海外のいろいろな経験をシェアしてくれた上智大学大学院グローバル・スタディーズ研究科の同級生たちと東京ユニオンチャーチの会員の皆様、多くの示唆をいただいた食文化研究家の森枝卓士さん、ナンシー・八須さん、そして、海外での珍体験をいろいろ披露してくれる我が家の子どもたちに感謝の意を表しつつ、あとがきとしたい。

本文註

第1部　完璧家事亡国論

（1）日本の主婦は家事をしすぎ？

＊1　http://komachi.yomiuri.co.jp/t/2012/1012/546919.htm

＊2　http://www4.nhk.or.jp/venetia/

＊3　https://kinarino.jp/

＊4　http://www.nytimes.com/2010/07/21/world/europe/21iht-LETTER.html

＊5　https://www.japantoday.com/category/national/view/1-in-3-japanese-women-want-to-be-housewives-poll

＊6　http://www.pewresearch.org/fact-tank/2014/04/08/7-key-findings-about-stay-at-home-moms/

＊7　http://www.maff.go.jp/j/syokuiku/wpaper/h27/h27_h/book/part2/chap2/b2_c2_1_02.html

＊8　Nash-Bargained Household Decisions: Toward a Generalization of the Theory of Demand. Marjorie B. McElroy and Mary Jean Horney, *International Economic Review*, Vol.22, No.2 (Jun., 1981)

＊9　『家事労働ハラスメント――生きづらさの根にあるもの』竹信三恵子、岩波新書、２０１３年

＊10　http://www.dailymail.co.uk/femail/article-2611641/Could-YOU-desire-man-does-cleaning-Meet-husbands-obsessed-keeping-homes-spick-span.html

＊11 https://www.bls.gov/TUS/CHARTS/HOUSEHOLD.HTM
＊12 https://prw.kyodonews.jp/prwfile/release/M101965/201303040272/_prw_OR1fl_Hlg0X3Q3.pdf
＊13 https://www.rbbtoday.com/article/2013/05/09/107645.html
＊14 『ルポ　父親たちの葛藤』おおたとしまさ、ＰＨＰビジネス新書、２０１６年
＊15 *Perfectly Japanese*, Merry White,University of California Press, 2002
＊16 Professional Housewife: The Career of Urban Middle-Class Japanese Women, Suzanne Hall Vogel,1978.
＊17 http://www.mext.go.jp/b_menu/hakusho/html/hpad196201/hpad196201_2_012.html

（2）日本の家事の「当たり前」は、世界の非常識

＊18 http://museum.ichikawaen.co.jp/
＊19 http://www.hayanehayaoki.jp/download.html#d5
＊20 http://www.hayanehayaoki.jp/about.html
＊21 https://www.oecd.org/tokyo/newsroom/singapore-tops-latest-oecd-pisa-global-education-survey-japanese-version.htm
＊22 『アンケート調査年鑑　２０１０年版』竹内宏編、並木書房、２０１０年
＊23 『家庭の味の戦後民族誌』矢野敬一、青弓社、２００７年
＊24 http://restaurant.eatsmart.gov.hk/eng/content.asp?content_id=188

＊25 https://wakuwork.jp/

＊26 An Exploratory Study Of Eating Patterns Of Singapore Children And Teenagers, Kai Ling Ang and Schubert Foo, *Health Education*, Vol. 205, Issue 5, 2002

＊27 https://doda.jp/careercompass/compassnews/20140818-9941.html

＊28 https://www.shouhiseikatu.metro.tokyo.jp/manabitai/shouhisha/114/1.htm

＊29 http://www.maff.go.jp/j/keikaku/syokubunka/culture/wasyoku.html

＊30 http://www.maff.go.jp/j/keikaku/syokubunka/culture/pdf/01_washoku.pdf

＊31 「食卓生活誌の質的分析（その2）食べものと食べかた」『国立民族学博物館研究報告別冊』第16号、熊倉功夫 国立民族学博物館、１９９１年

＊32 『「家庭の味」の戦後民族史』矢野敬一、青弓社、２００７年

＊33 http://www.jinjahoncho.or.jp/2013/12/19%e3%80%80%e7%85%a4%e6%89%95%e3%81%84%ef%bc%88%e3%81%99%e3%81%99%e3%81%af%e3%82%89%e3%81%84%ef%bc%89/

＊34 http://www.ama-jinja.org/kisetu.html#oomisoka

＊35 *Permitted and Prohibited* Desires, Anne Allison, University of California Press, 2000

＊36 http://rickackerly.com/2012/03/28/who-takes-responsibility-for-homework-what-is-the-parents-role/

＊37 *Permitted and Prohibited Desires*, Anne Allison, University of California Press, 2000

（3）経済成長という祭りの後で

＊38　http://www.mag2.com/p/news/162990

＊39　*Perfectly Japanese*, Merry White, University of California Press, 2002

＊40　*Welfare through Work*, Mari Miura, Cornell University Press, 2012

＊41　*Women and the Economic Miracle: Gender and Work in Postwar Japan*, Mary Brinton, University of California Press, 1993

＊42　*Permitted and Prohibited Desires*, Anne Allison, University of California Press, 2000

＊43　http://www.recruit.jp/news_data/release/2016/0421_16646.html

＊44　平成5年国民生活白書、http://warp.da.ndl.go.jp/info:ndljp/pid/9990748/www5.cao.go.jp/seikatsu/whitepaper/h5/wp-pl93-000i1.html

＊45　平成15年版犯罪白書、http://hakusyo1.moj.go.jp/jp/44/nfm/mokuji.html

＊46　『アンケート調査年鑑　２０１０年版』竹内宏編、並木書房、２０１０年

＊47　『日本経済新聞』２０１３年８月１日

＊48　http://www.crank-in.net/kininaru/column/24834

＊49　日経ビジネスオンライン「シーズン３・24才年下のＩＴ論客に聞く」http://business.nikkeibp.co.jp/article/life/20110421/219543/?rt=nocnt

（４）キャリアを阻み、少子化を加速する完璧家事

＊50　http://tsigeto.info/misconduct/j.html

＊51 「健康な生活を送るために（高校生用）」文部科学省 http://www.mext.go.jp/a_menu/kenko/hoken/08111805.htm

＊52 『産経新聞』２０１７年1月18日

＊53 「現代日本の結婚と出産」『第15回出生動向基本調査 調査研究報告資料 第35号』２０１７年、国立社会保障・人口問題研究所

＊54 http://komachi.yomiuri.co.jp/t/2016/0526/763519.htm

＊55 https://style.nikkei.com/article/DGXNASFK1001J_Q4A110C1000000/

＊56 http://i0.wp.com/select.mamastar.jp/interspace/wp-content/uploads/2016/02/1454847957-815cfb5c75f2129f54e56b06697f0a13.jpg?resize=600%2C450

＊57 http://www.saitama-kosodate.jp/column/201206070019/

＊58 http://www.finland.or.jp/public/default.aspx?contentid=332415

＊59 『フィンランド流イクメンＭＩＫＫＯの世界一しあわせな子育て』ミッコ・コイヴマー、かまくら春秋社、２０１３年

＊60 https://style.nikkei.com/article/DGXMZO03463140Q6A610C1000000/

＊61 「分娩時年齢の高年齢化　現状と問題点」公益社団法人日本産婦人科医会幹事　奥田美加（２０１２年5月）

＊62 http://edition.cnn.com/2010/HEALTH/04/22/pregnancy.over.40/index.html

＊63 http://www.dailymail.co.uk/health/article-2147848/Children-mothers-40-healthier-intelligent.html

＊64 https://ameblo.jp/around40mama-network/theme3-10098617828.html

＊65 『日本経済新聞』２０１５年６月22日

＊66 http://yodokikaku.sakura.ne.jp/?p=1489

＊67 「２０１４年度子育て支援策等に関する調査結果」三菱ＵＦＪリサーチ＆コンサルティング http://www.murc.jp/publicity/press_release/press_141208.pdf

＊68 『毎日新聞』２０１５年10月９日

＊69 コトバンク https://kotobank.jp/word/%E3%83%AF%E3%83%B3%E3%82%AA%E3%83%9A%E8%82%B2%E5%85%90-1736392

＊70 https://www.youtube.com/watch?v=uu3iM1azTj4

（５）家事のできない家族は滅びる

＊71 「配偶者と死別したひとり暮らし高齢者の幸福感」小谷みどり、Life design Report Spring 2017 第一生命経済研究所ライフデザイン研究本部

＊72 「日本の世帯数の将来推計（全国推計）」国立社会保障・人口問題研究所、２０１３年

＊73 http://www.seisakukikaku.metro.tokyo.jp/actionplan_for_2020/honbun/honbun4_1.pdf

＊74 http://agilemedia.jp/company/pressrelease/85.html

＊75 https://cookpad-baby.jp/smilenews/detail/1151

＊76 http://news.mynavi.jp/news/2015/12/21/094/

＊77 日経ビジネスオンライン「介護生活敗戦記」松浦晋也、２０１７ http://business.nikkeibp.co.jp/atc

l/report/16/030300121/
＊78 『2017年版惣菜白書』一般社団法人日本惣菜協会
＊79 「セブン‐イレブンの横顔　2017‐2018」http://www.sej.co.jp/mngdbps/_template_/_user_/_SITE_/localhost/_res/pdf/yokogao2017-18_all.pdf
＊80 http://www.iec.co.jp/data/010.html
＊81 https://gakumado.mynavi.jp/freshers/articles/49657
＊82 https://gakumado.mynavi.jp/freshers/articles/24928
＊83 『一汁一菜でよいという提案』土井善晴、グラフィック社、2016年
＊84 『日本経済新聞』2016年8月3日
＊85 http://www.interstation.co.jp/mamechishiki/sotsukon
＊86 http://best-legal.jp/mature-divorce-rate-807

第2部　「片付けすぎ」が家族を壊す

（1）日本の家が片付かないのには理由がある

＊87 http://artscape.jp/artword/index.php/%E9%A3%9F%E5%AF%9D%E5%88%86%E9%9B%A2
＊88 常盤平団地の復元展示（松戸市立博物館）http://www.goodrooms.jp/journal/?p=9591
＊89 『日本人の住まい』E．S．モース著、斎藤正二・藤本周一訳、八坂書房、2004年

＊90 「文化遺産オンライン」 http://bunka.nii.ac.jp/heritages/detail/118187

（2）ミニマリストは変人？

＊91 https://bemorewithless.com/the-downside-of-minimalism/
＊92 http://hc6.seikyou.ne.jp/home/okisennokioku-bunkan/okinawasendetakan/gunjintyokuyu.htm
＊93 http://www.theminimalistmom.com/2017/05/what-my-sons-disabilities-have-taught-me-about-minimalism/
＊94 http://www.reuters.com/article/us-japan-minimalism-idUSKCN0Z50VP
＊95 https://thismomentjapan.wordpress.com/tag/patrick-lennox-tierney/
＊96 http://www.kenninji.jp/zen/index.html
＊97 http://www.ikea.com/ms/ja_JP/about_ikea/press_room/press_release/national/shuno.html
＊98 『アンケート調査年鑑　２０１６年版』並木書房編集部編、並木書房、２０１６年

（3）捨てられない理由は、まっとうである

＊99 http://www.tiw.jp/investment/tiw_cafe/or/

（4）断捨離の行き着くところ

＊100 https://news.yahoo.co.jp/byline/yamashitahideko/20141220-00041667/

（５）目指すは「おばあちゃんの家」の居心地のよさ

＊101 https://www.jstage.jst.go.jp/article/jjsk/29/0/29_KJ00001916455/_article/-char/ja/

＊102 https://www.theguardian.com/lifeandstyle/2008/oct/18/homes-healthandwellbeing

あとがき

＊103 『１９４５年のクリスマス』ベアテ・シロタ・ゴードン著、平岡磨紀子訳、朝日文庫、２０１６年

佐光紀子（さこうのりこ）

1961年東京都生まれ。1984年国際基督教大学卒業。繊維メーカーや証券会社で翻訳や調査に携わったあと、フリーの翻訳者に。とある本の翻訳をきっかけに、重曹や酢などの自然素材を使った家事に目覚め、研究を始める。2002年、『キッチンの材料でおそうじするナチュラル・クリーニング』（ブロンズ新社）を出版。以降、掃除講座や著作活動を展開中。2016年上智大学大学院グローバル・スタディーズ研究科博士前期課程修了（修士号取得）。著書はほかに、『心の負担を半分にする　常識やぶりの「家事半分」術』（PHP研究所）、『やめたら、お家《うち》スッキリ！――モノと手間がグンと減る「楽チン生活」70のヒント』（大和出版）、『汚れおとし大事典――ナチュラル・クリーニング』『重曹大事典――決定版』（共にブロンズ新社）、『男の掃除』（日経BP社）など多数。

「家事《かじ》のしすぎ」が日本《にほん》を滅《ほろ》ぼす

2017年11月20日初版1刷発行

著　者 ―― 佐光紀子
発行者 ―― 田邉浩司
装　幀 ―― アラン・チャン
印刷所 ―― 近代美術
製本所 ―― 榎本製本
発行所 ―― 株式会社光文社
東京都文京区音羽1-16-6（〒112-8011）
http://www.kobunsha.com/
電　話 ―― 編集部03（5395）8289　書籍販売部03（5395）8116
業務部03（5395）8125
メール ―― sinsyo@kobunsha.com

　ISBN 978-4-334-04323-0

893
うつ・パニックは「鉄」不足が原因だった
藤川徳美

あなたの不調は、鉄・タンパク不足の症状かもしれない。うつやパニック障害の患者を栄養改善で次々に完治させている精神科医が、日本人の深刻な鉄不足と鉄摂取の大切さを説く。

978-4-334-03998-1

894
灯台はそそる
不動まゆう

今日も一人で海に立つ小さな守り人。その姿を知ると愛さずにいられない。省エネにより崖っぷちに立たされる今、灯火を守るファンを増やすため〝灯台女子〟が魅力を熱プレゼン！

978-4-334-03999-8

895
アウトローのワイン論
勝山晋作
writing 土田美登世

「おいしいからいい。おいしくしたいなら自然に造るのがいい」――昭和の時代から活躍するワインの伝道師が初めて語る、固定観念に縛られないワインの楽しみ方と、その行き着く先。

978-4-334-04301-8

896
教養は児童書で学べ
出口治明

社会のルール、ファクトの重要性、大人の本音と建前、ビジネスに必要な教養――大切なことはすべて児童書が教えてくれた。珠玉の10冊を読み解く、出口流・読書論の集大成！

978-4-334-04302-5

897
美しきイタリア　22の物語
池上英洋

イタリアは、どのようにして「イタリアらしさ」を形成していったのか。ファッション、料理、スポーツ、文化、芸術……。尽きることのない魅力を、22の都市の歴史エピソードから探る。

978-4-334-04303-2

898
「代謝」がわかれば身体がわかる
大平万里

脂肪は悪者なのか？「代謝がいい」とはどういうこと？ 酵素は身体によいのか？ 最も身近なブラックボックス＝自分の体内で起きている真実に、豊富なたとえ話とイラストで迫る。

978-4-334-04304-9

899
鉄道時刻表の暗号を解く
所澤秀樹

紙の時刻表が売れ続けるのは、「広域の乗り継ぎ」「途中下車の自由時間」を俯瞰で知るのに便利だから。運賃手計算はボケ防止にも。〝非合理の楽しみ〟を味わう旅へ出発進行！

978-4-334-04305-6

900
ロボットアニメビジネス進化論
五十嵐浩司

月村了衛氏推薦！ 第一人者による、ロボットアニメと、その玩具・模型に関する進行形のビジネス史。〝オモチャ〟がなければ、マジンガーZもガンダムもマクロスも存在しなかった？

978-4-334-04306-3

901
誰も教えてくれない
大人の性の作法《メソッド》
坂爪真吾　藤見里紗

セックスがしんどい？「なかったこと」にされがちな様々な性の問題を一つ一つ多面的に検証し、理想と現実の間を生きていくための実践的な「大人の性教育」を学べる一冊。

978-4-334-04307-0

902
御社の商品が売れない本当の理由
「実践マーケティング」による解決
鈴木隆

「マーケティング神話の呪縛を解く！ 本書の内容をマスターせよ」——石井淳蔵氏（日本マーケティング学会初代会長）推薦。「19の呪縛」を解き、売れない時代に売れるしくみをつくる。

978-4-334-04308-7

903
ねじ曲げられた「イタリア料理」
ファブリツィオ・グラッセッリ

ピッツァはアメリカ生まれで、トマトソースはイタリアの伝統料理ではなく、オリーブオイルは偽装だらけ!? 「イタリアン」の常識を覆す、在日イタリア人による痛快料理エッセー。

978-4-334-04309-4

904
誰が「働き方改革」を邪魔するのか
中村東吾

私たちは、「働けど見返りの少ない現代の働き方」に疲弊してしまっているのではないだろうか? いったい、何が問題なのか? 〈頑張りたくても頑張れない時代〉を生きるヒント。

978-4-334-04310-0

905
ミレニアル起業家の
新モノづくり論
仲暁子

製造業とともに衰退する日本が蘇るためのヒントは、モノを持たない'80〜'90年代生まれの行動にある。国内最大のビジネスSNSを運営する女性社長が、新しい労働と幸福の形を示す。

978-4-334-04311-7

906
「朝ドラ」一人勝ちの法則
指南役

「ぽっと出のヒロイン」「夫殺し」「故郷を捨てる」…etc. これらが朝ドラのヒット作に共通する要素である――ホイチョイ・プロダクションのブレーンによるドラマ・マーケティング論。

978-4-334-04312-4

907
名画で読み解く
イギリス王家 12の物語
中野京子

王家が変わるたび、途轍もない人物と想像もつかないドラマが生まれる英国。テューダー家、ステュアート家、ハノーヴァー家を名画とともに振り返る、大人気シリーズ第四弾!

978-4-334-04313-1

908
成功者が実践する「小さなコンセプト」
野地秩嘉

売れた物を毎日記録した柳井正、客を見ることを忘れない新浪剛史、一日も休まずコラムを綴る松本大、作詞のために酒をやめた秋元康…。人気作家が引き出す一流たちの血肉の言葉。

978-4-334-04314-8

909
テロvs.日本の警察
標的はどこか？

今井良

いま、ヨーロッパを中心に世界中でテロが頻発している。日本に暮らす私たちも、テロと決して無縁ではない。民放テレビ局で警視庁担当記者を務めた著者が、テロ捜査の最前線を描く。

978-4-334-04315-5

910
小説の言葉尻をとらえてみた
飯間浩明

小説の筋を追っていくだけでなく、ことばにこだわってみるのも楽しい。『三省堂国語辞典』編集委員のガイドで、物語の中で語られることばの魅力に迫っていく、異色の小説探検。

978-4-334-04316-2

911
炭水化物が人類を滅ぼす【最終解答編】
植物vs.ヒトの全人類史

夏井睦

前作で未解決だった諸問題や、「糖質セイゲニストの立場から生命史・人類史を読み直す」という新たな試みに挑む。19世紀的知識の呪縛とシアノバクテリアの支配から人生を取り戻す。

978-4-334-04317-9

912
労働者階級の反乱
地べたから見た英国EU離脱

ブレイディみかこ

トランプ現象とブレグジットは似て非なるものだった！　英国在住、労働者のど真ん中から発信を続ける保育士兼ライターが、常に一歩先を行く国の労働者達の歴史と現状を伝える。

978-4-334-04318-6

913
ブラック職場
過ちはなぜ繰り返されるのか？
笹山尚人

電通の社員だった高橋まつりさんの過労死事件は、私たちの社会に大きな課題を突きつけた。なぜ、ブラックな職場はなくならないのか？　豊富な事例を交え、弁護士が解決策を示す。

978-4-334-04319-3

914
2025年の銀行員
地域金融機関再編の向こう側
津田倫男

地銀・第二地銀、信金・信組の再編が進まない理由は、勲章にあった!?――最新情報に基づく地域金融機関の再編予測と、その中でも生き残る銀行員・地金《ちきん》パーソン像を解説。

978-4-334-04320-9

915
医学部バブル
最高倍率30倍の裏側
河本敏浩

「東大文系より私立医学部」の時代――医学部進学予備校を主宰する著者が、その最前線の闘いを活写。また、豊富な指導経験をベースにした効果的な勉強法を提示する。

978-4-334-04321-6

916
女子高生　制服路上観察
佐野勝彦

膝上スカート、ずり下げリボン、なんちゃって制服…「だらしない」では現象の本質は見えない。街で20年、観察とインタビューをしてきた著者が明かす10代のユニフォームの全て。

978-4-334-04322-3

917
「家事のしすぎ」が日本を滅ぼす
佐光紀子

「手づくりの食卓」「片付いた部屋」……「きちんと家事」への憧れと呪縛が日本人を苦しめる――。多くの聞き取りや国際比較を参照しながら気楽な家事とのつきあい方を提案する。

978-4-334-04323-0